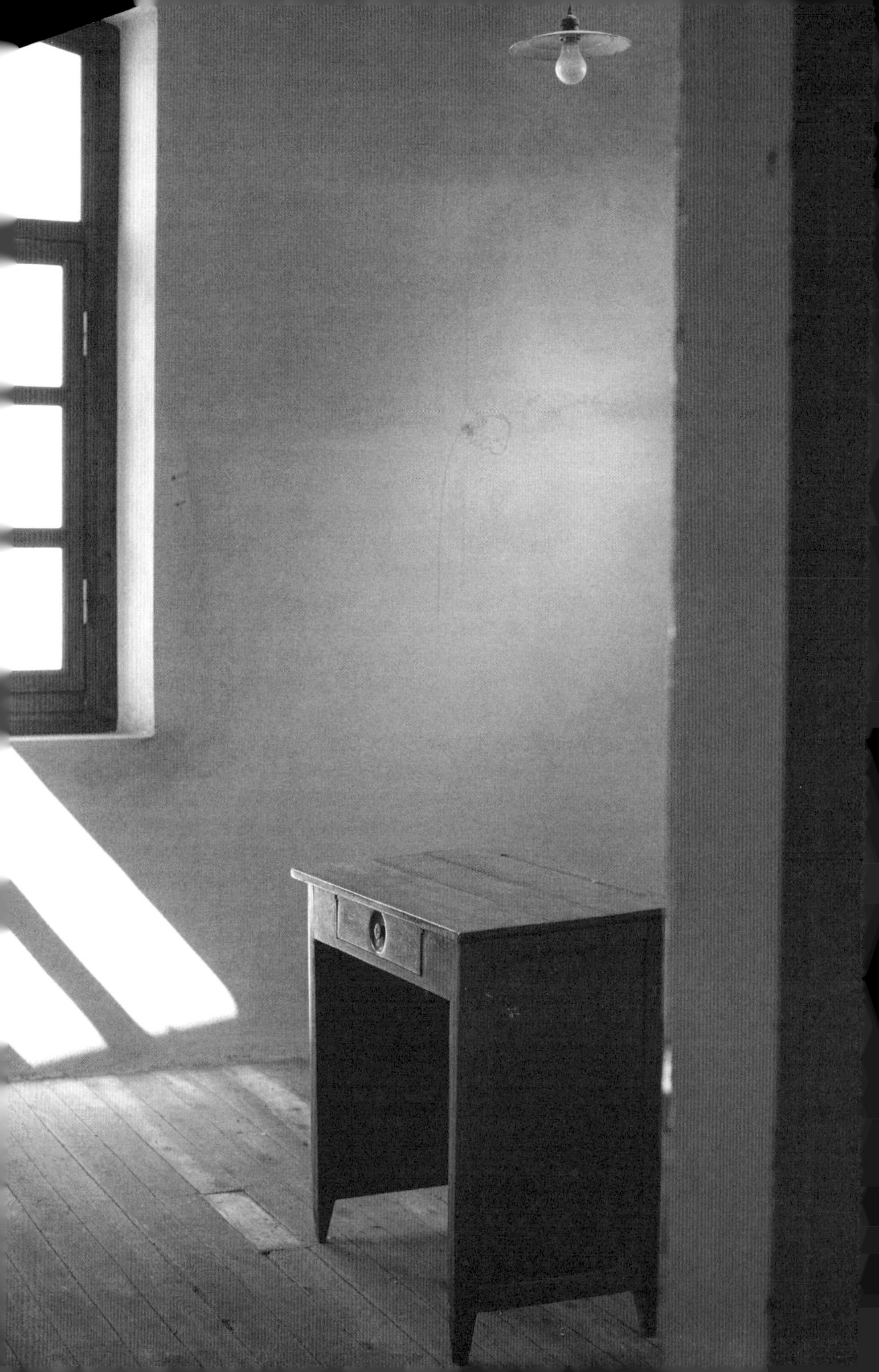

All Your Wounds, Rosa
Senin de Yaran, Rosa

P/r/o/j/e/c/t/8
Also your wound, Rosa/Senin de Yaran, Rosa/Pelin Uran

Concept/**Konsept**/Pelin Uran
Book Design/**Kitap Tasarımı**/Ali Cindoruk, KHORA
Typeset in/Source Serif 4/**and/ve**/Stratos/**yazıtipleri ile dizilmiştir.**

Translations by/**Çeviriler**/Elif Ersavcı
and/ve/Pelin Çakır, Merve Ünsal, Lucy Wood

Photography/**Fotoğraflar**/Pınar Gediközer

Printed by Ofset, Istanbul, Republic of Türkiye
First Printing Edition One of 1000

ISBN: 978-1-7352309-4-8 (Paperback)
Library of Congress Control Number: 2022943881

2022 Minerva Projects
43 County Route 7
Pine Plains, NY 12567
www.minervaprojects.org

Minerva Press

This book has been made possible by significant support from/**Bu kitap Murat Öztürk, Banu-Hakan Çarmıklı, Belita Loy-Dona, Eugenie Ayşe Perret, Fulin Muslubaş, Melis-Hakan Börteçene, Tansa Mermerci Ekşioğlu, Tempo BPO,** Research Committee at Vassar College/**Vassar Üniversitesi Araştırma Komitesi ve Zeynep Kendi'nin destekleriyle hayata geçmiştir.**

Contributors to the book/**Katkıda Bulunanlar:** US Mission in Turkey/**ABD'nin Türkiye'deki Diplomatik Misyonu, The Marmara Şişli, GALATA-M84 Apart Otel,** Integra Insurance Broker/**Integra Sigorta Brokerliği**

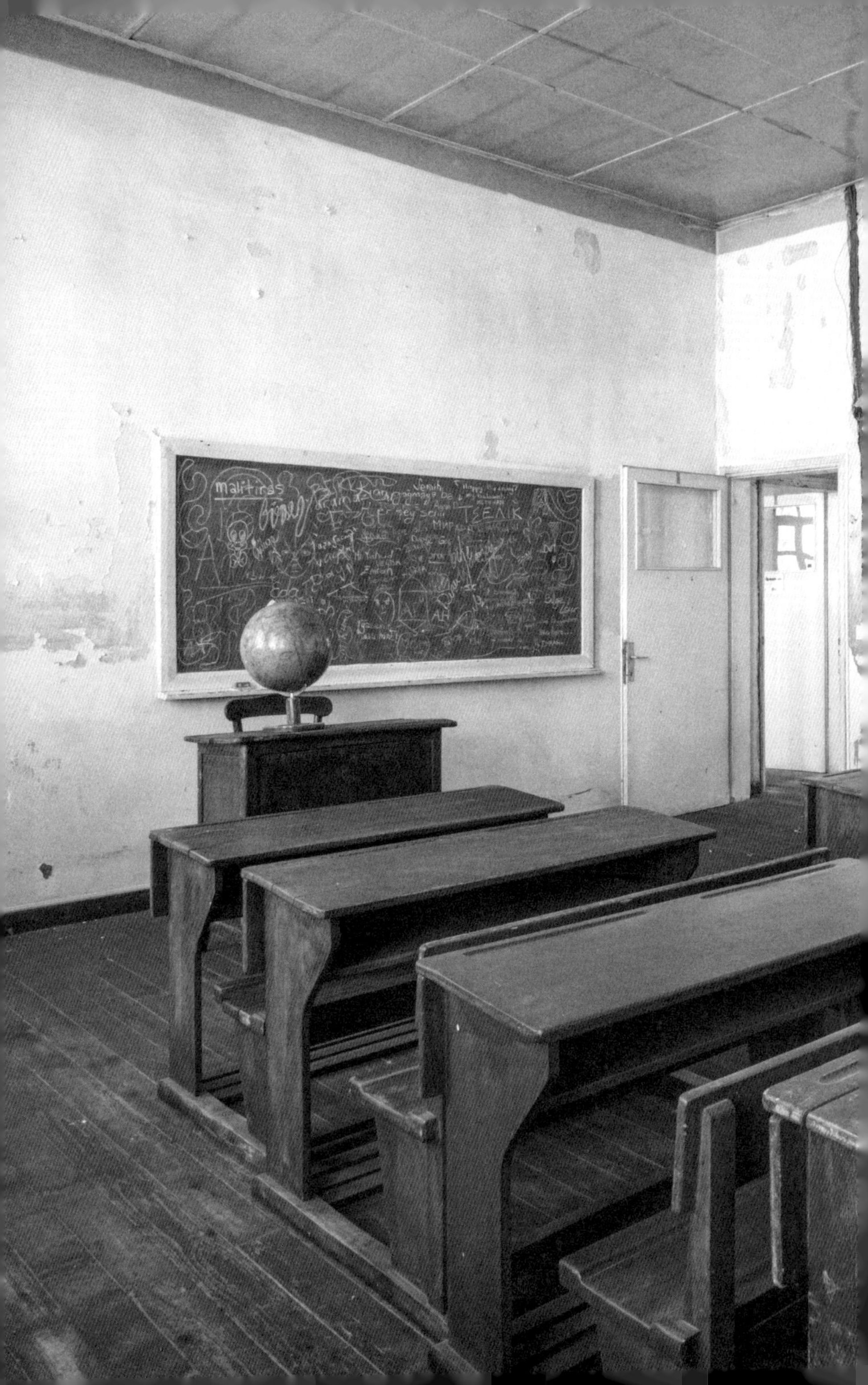

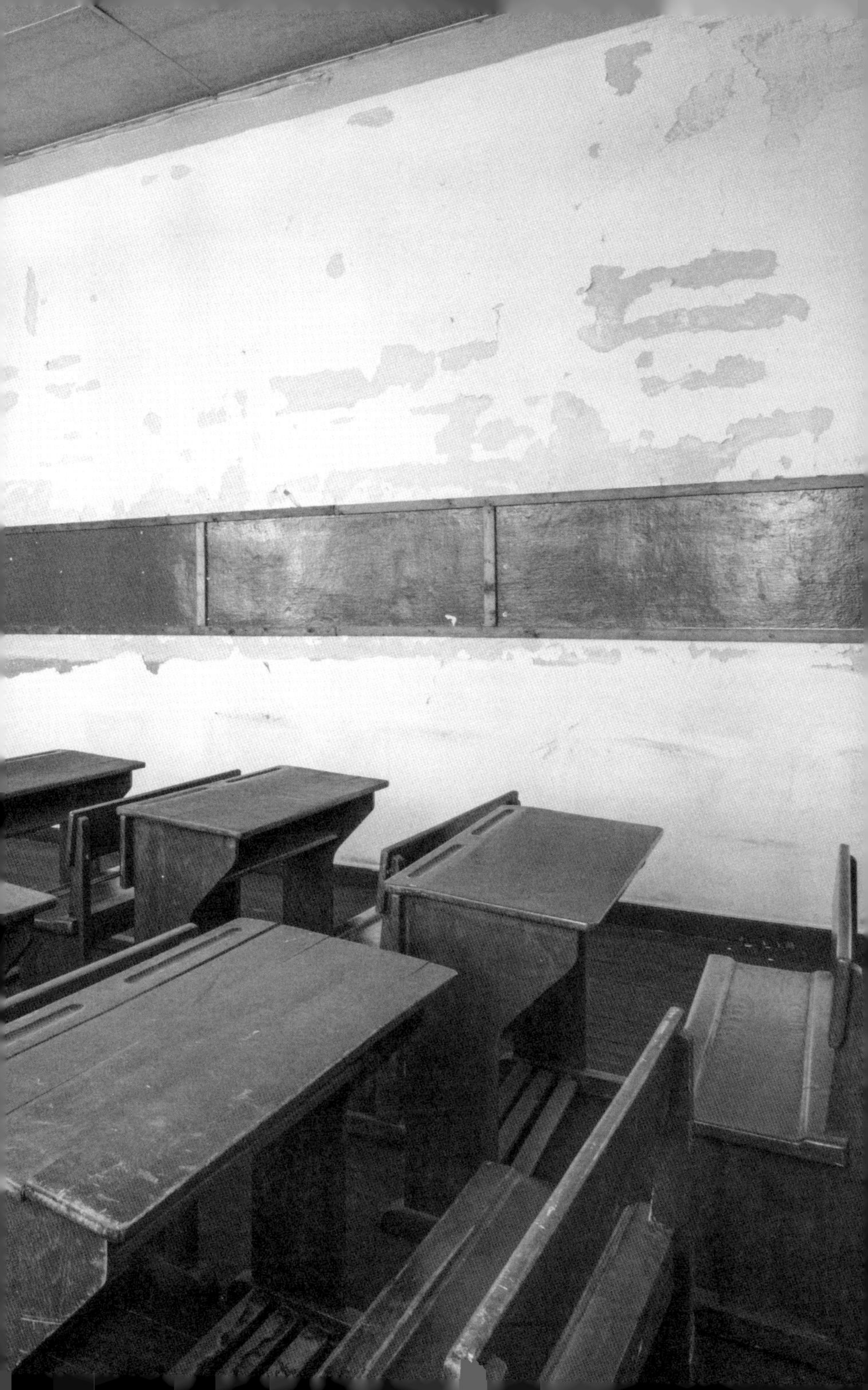

Pelin Uran

Senin de Yaran, Rosa[1]

"Analitik maceraya giren kişinin konumlandırıldığı yarayı açık tutması gerekir – profesyonel düzen, zamanın ve kurumların kinizmiyle birlikte, çok geçmeden bu yarayı kapatmayı becerecektir."[2]

"Bir kabul edilmeyişi yaranın,
Ta ki öyle bir genişleyene,
Tüm Hayatım içine girene dek
İki yanında kanallar

Bir kapanışı güneşe açılan basit kapağın
Ta ki şefkatli Marangoz
İlelebet çivileyene dek."[3]

Yaralanabilirlik [*vulnerability*] Latincede yara anlamındaki "vulnus" kelimesinden gelir. Yaralanabilirliği en geniş sözlük anlamıyla tanımlayan ifadelerin arasında şunlar var: yaralanma ve acı çekme kapasitesi, fiziksel veya duygusal zarar ve saldırılara açıklık, risk deneyimi, özgüven sahibi kimliğin çöküşü ve karar verilemezliğe maruz kalma. Yine de, yaralanabilirlikten bahsederken neden bahsediyoruz aslında? Kavramın değişken ve çelişik çağrışımları mevcut, bir zayıflık veya güç, değer ya da yük, evrensel ya da ilişkisel, genel ya da cinsiyet temelli, ontolojik yahut durumsal olabiliyor. Yaralanabilirliği hayatlarımıza buyur etmek bir kenara, kabul etmek bile zor. İnsanlar çoğunlukla yaralanabilirliklerini sahiplenmek yerine bir kenara iter. Dahası, yaralanabilirlik karşısında kuşanılan zırhlar çok katmanlı, sert, nüfuz etmesi güçtür. Öyleyse yaralanabilirliği nasıl baştan tanımlanmalı ki kişi kendi yaralanabilirliğini veya başka insanlarda sebep olduğu yaralanabilirliği tanısın? Ne de olsa, Erinn Gilson'ın çizgisinde yürürsek, kişinin yaralanabilirliğe verdiği tepki yaralanabilirlikten ne anladığına bağlı.

Yaralanabilirliğin göz önünde tutulması gereken pek çok farklı açısı var: psikanalitik, etik, politik ve ayrıca bilimsel, yasal ve ekonomik. Ama bu sergi yaralanabilirliği bütün boyutlarıyla cisimleştirme iddiasında değil. Yaralanabilirliği ele alan feminist teorinin belli açılarını vurguluyor daha çok: İlk olarak yaralanabilirliği ruhsal veya toplumsal travmanın bir sonucu olarak gören, psikanalizle şekillenen anlayış; ikincisi yaralanabilirliği cisimleşen öznenin ontolojik koşulu olarak gören fenomenolojik anlayış ve, son olarak, eleştirel teoride siyasetin ürettiği özel bir koşul olarak yaralanabilirlik mefhumu.[4]

Also Your Wound, Rosa[1]

"One must keep open the wound where he or she who enters into the analytic adventure is located – a wound that the professional establishment along with the cynicism of the times and of institutions will soon manage to close up."[2]

"A not admitting of the wound
Until it grew so wide
That all my Life had entered it
And there were troughs beside -

A closing of the simple lid that opened to the sun
Until the tender Carpenter
Perpetual nail it down -"[3]

Vulnerability stems from the Latin word "vulnus," meaning wound. The terms that define vulnerability in its broadest lexical sense include: the capacity to be wounded and suffer, susceptibility to physical or emotional injury or attack, the experience of risk, the collapse of self-confident identity, and exposure to undecidability. Still, what do we actually mean when we talk about vulnerability? The concept has varying and contradictory connotations, such as being a weakness or a strength, a value or a burden, universal or relational, general or gender specific, ontological or situational. Vulnerability is hard to accept, let alone welcome in our lives. More often than not, people cast aside their vulnerability rather than embrace it. Moreover, the shields against vulnerability are multilayered, firm and hard to penetrate. How, then, to redefine vulnerability so that one recognizes one's own vulnerability, or the vulnerability one causes in other people? For, as Erinn Gilson notes, how one responds to vulnerability depends on how one understands vulnerability.

There are many different aspects of vulnerability to consider: the psychoanalytical, ethical, and political, as well as the scientific, legal, and economic. However, this exhibition does not claim to express vulnerability in all its dimensions. Rather, it accentuates some aspects of the feminist theorizing of vulnerability: firstly, the psychoanalytically informed understanding of vulnerability as an effect of psychic or social trauma; secondly, the phenomenological understanding of vulnerability as an ontological condition of the embodied subject; and finally, the critical theoretical notion of vulnerability as a particular politically produced condition.[4]

Bu sergi yukarıda geçen metodolojiyi uygulayarak şunu soruyor: Görsel sanatların görünürü algılama ve ifade etme biçimlerini değiştirme potansiyeli hassaslık, açıklık ve dolayısıyla farklı duyarlıklar uyandırabilen yaralanabilir hal ve özneleri keşfe çıkabilir mi? Etkileri ne kadar derine işleyebilir?

Senin de Yaran, Rosa yaralardan, dolayısıyla da yaralanabilirlikten bahsetmenin ötekiyle ilişkilenmenin bir yolu olduğunu söyleyen psikanalitik öncülden yola çıkıyor. Psikanaliz etkisiyle şekillenen anlayışın bir açısı, yukarıda belirtildiği gibi, psikolojik ve/veya fiziksel yaraların sebep olduğu ruhsal veya toplumsal travmanın bir sonucu olarak yaralanabilirlik. Travmatik ve trajik olaylar kendinden emin kimliğimizin çatlamasına sebep olan benzersiz kriz anları olabilir, nitekim yaralar açık sınırları temsil eder ve etkilenebilme becerisine işaret eden yaralanabilirlikle ilgili sorular doğurur. Bu da akla şu soruları getirir: İnsanlar yaralarıyla nasıl baş eder? Ne tür yaralardan bahsediyoruz? Ya yaralarla baş edilmezse? Kişisel yaralarla kolektif yaralar arasında bir ilişki var mı? Yaralar ötekiyle ilişkilenmeye kapı aralayabilir mi? İnsan kendi yarasına bakmaz, hatta onun kendine ait olduğunu bile teslim etmezse, başkalarının yarasıyla empati kurması mümkün müdür?

Psikanalize göre yaralanabilirlik, ötekinin öznelliğimizin birlikte şekillenmesine izin verebileceğimiz biri haline gelmesinin önkoşuludur.[5] Bu bakımdan, özellikle başkalarına maruz kalma, başkaları tarafından dokunulmaya, etkilenmeye ve değiştirilmeye maruz kalma ve aynı anda başkalarına dokunma, onları etkileme ve değiştirme noktasında, yaralanabilirlik bir açıklığı temsil eder. Ne var ki enerjimizin büyük kısmı bu temel yaralanabilirliği bastırma isteği tarafından yönlendiriliyor. Suely Rolnik bu durumun ancak yaralanabilirliklerimizi uyuşturabildiğimiz ölçüde kendimizin ve ötekinin, yani varsayılan kimliklerimizin sabit bir imgesini koruyabilmemizden kaynaklandığını ileri sürüyor. Bu uyuşturma hali, bu anestezi olmasa, kendimizin ve varoluş alanlarımızın hatlarını durmaksızın baştan çizmek zorunda kalırız.[6] Psikanaliz bu ötekine açık ve yaralanabilir olma durumunu bir risk olarak tanır. Bununla birlikte, ancak bu risk ve bu kırılganlık hissiyle gelecekte hem bireysel hem de kolektif varoluş için yeni olasılıklar açılabilir. Yaralanabilirliğin ve kırılganlığın reddi, benliğin niteliklerinin olduğu kadar başkalarıyla kurulan ilişkilerin doğasına dair de belli bir kavrayışın kapılarının kapanmasıdır aynı zamanda.[7] Dolayısıyla hayati süreçlerimizi bloke eder. Şu halde kişiyi bu riski almaya iten durumlar ve şartlar nelerdir? Kişi şeyleri farklı bir açıdan algılayabilmek amacıyla bu içkin açıklığı nasıl yeniden canlandırabilir? Yaralanabilirliği kendinden uzak tutmanın bedeli nedir? Sanattaki duygulanım potansiyeli yaralanabilirlik anestezisini ötelemeyi başarabilir mi?

Diğer yandan, fenomenolojiye göre, faaliyetlerimiz her zaman dünyadaki şeylere yöneliktir, bu yüzden deneyimlerimiz ancak şeylerin bize

Applying the above-mentioned methodology, the exhibition asks: could the potential inherent in visual arts, as a way of modifying the visible-the ways of perceiving and expressing it-explore vulnerable states and subjects that could foster responsiveness, openness, and therefore different perceptions/sensibilities? How penetrating can their effect be?

Also Your Wound, Rosa takes as its starting point the psychoanalytic premise that to talk about wounds, and therefore about vulnerability, is a way to relate to the other. One aspect of the psychoanalytically informed understanding of vulnerability as stated above is as an effect of psychic or social trauma, caused by psychological and/or physical wounds. Traumatic and tragic events might be the unique moments of crisis that cause our self-assured identity to crack, for wounds represent open borders and raise questions about vulnerability that signal the ability to be affected. The following questions then arise: How do people deal with their wounds? What type of wounds are we talking about? What happens if they are not dealt with? Is there a relationship between personal and collective wounds? How can wounds be a gateway to relate to the other? Is it possible to empathize with other people's wounds if one does not look at, or even acknowledge, one's own?

Again, psychoanalysis views vulnerability as the precondition for the other to become a presence with whom we can allow the changing forms of our subjectivity to take shape.[5] In this sense, specifically as an exposure to others, an exposure to being touched, affected, and changed by others and simultaneously touching, affecting, and changing others, vulnerability represents an openness. However, much of our energy is driven by the urge to suppress this essential vulnerability. Suely Rolnik argues that this is because we can maintain a stable image of ourselves and the other-that is, our supposed identities-only to the extent that we anesthetize our vulnerability. Without this anesthesia, we are constantly led to reconfigure the outlines of ourselves and our territories of existence.[6] Psychoanalysis acknowledges that this condition of being open and vulnerable to the other is a risk. However, only with this risk and with this sense of fragility can new possibilities open up in future for both individual and collective existence. The rejection of vulnerability and fragility is a closure to a certain understanding of the nature of relations with others as well as to features of the self.[7] Thus, it blocks our vital processes. What, then, are the situations and circumstances that force one to take that risk? How can one revitalize that immanent openness in order to perceive things differently? What is the price to pay for keeping vulnerability at bay? Can art enable one to defer one's anesthesia of vulnerability in order to be affected?

According to phenomenology, on the other hand, our activities are always oriented towards things in the world, so our experiences can only be understood by describing how things appear to us (become present to us) in dünyada nasıl göründüğünün (bizim için nasıl mevcut hale geldiğinin) tarifiyle anlaşılabilir. Fenomenolojinin merkezinde ilişkisellik vardır. Dolayısıyla fenomenolojik yaklaşıma göre yaralanabilirlik hem dünyaya ve başkalarına her zaman açık ve maruz oluşumuzu varsayması, hem de bütün ilişkilerimizin, bütün bağlarımızın kendi içinde yaralanabilir ve güvencesiz olması itibarıyla ilişkiseldir.[8] Merleau-Ponty, bilincin yaralanabilirliğinin, öznenin yaralanabilirliğinin ve nihayetinde beden olarak yaşayan dünyanın yaralanabilirliğinin ontolojik ve varoluşsal açıdan öznenin kusuru ya da başarısızlığından önce ve ziyade kurucu gücü olduğunu belirtir.[9] Zaman ve uzamla şekillenen yaşayan beden yaralanabilen ve çevrenin, tarihin ve ilişkilerin dönüşümlerine duyarlı bir tür yönelimsellikle aktive olur.[10] Dahası, dünyadan ve ötekilerden düşünme öncesi bir düzeyde halihazırda etkileniriz. Bu yüzden yaralanabilirlik öznenin dünya deneyimini inşa eder. Öte yandan, yaralanabilirliğin yaşanacağı ve deneyimleneceği farklı biçimler, etkileneceğimiz şekiller, dolayısıyla da yaralanabilirliğin alacağı anlam ancak cisimleşmiş toplumsal deneyimin tikelliği ışığında anlaşılabilir.

Fenomenolojik yaklaşım duyarlık üzerine kurulu olduğundan, öznelerarasılığı ve karşılıklı bağımlılığı merkeze alır.[11] Merleau-Ponty'ye göre öznelerarası ilişkiler hem ortak anlamlar dünyasının yaralanabilirliğine hem de her türlü özneyi ötekiler tarafından yaralanabilir kılan indirgenemez sonluluğa dayanır. Yaralanabilirliğe dair fenomenolojik yaklaşımlar karşılıklı bağımlılığı ilişkisel bir ontoloji üzerinden açıklayarak hayatın ta kendisini tanımlayan ve silinemeyen radikal güvencesizliğin altını çizer.[12] Öyleyse dünyadan ve başkalarından etkilenmek için gereken açıklığı nasıl sağlayabilir ve sürdürebiliriz? Yaralanabilir cisimleşmiş varlığımızı nasıl sahipleniriz? Kişi yaralanabilirliğini nasıl deneyimler? Bunun anlamı nedir, bir anlamı varsa tabii? Deneyimlediğimiz farklı yaralanabilirlik tür ve düzeyleri yaralanabilir bağlantılar olabilir mi? Yaralanabilirlik benim başkalarıyla ilişkimi nasıl şekillendirir?

Genel olarak, psikanalitik ve fenomenolojik perspektiften bakıldığında, bedensel, toplumsal ve duygusal varlıklar olarak birbirimizin karşısında yaralanabilir olma kapasitemiz var hepimizin.[13] Bu yüzden yaralanabilirlik karşılıklı bir şekilde birbirimizin ilgi gösterme ve zarar verme gücüne maruz kaldığımız ve aynı zamanda kazalara ve kontrolümüzün ötesindeki durumlara açık olduğumuz temel ontolojik koşul olarak görülür. Bunun farklı biçimlerde yaşanıp deneyimlendiği de teslim edilir.[14] Diğer yandan, bir inkâr mekanizması da işbaşındadır. Yaralanabilirliğin inkârı kişinin kendi yaralanabilirliğini unutmasını ve bunu yansıtmasını, yerini değiştirmesini, başka bir yerde konumlandırmasını gerektirir.[15] Ama yaralanabilirliğe yönelik itirazlar bunun toplumsal yaşamlarımızdaki işleyişine engel olamaz. Hatta, yaralanabilirlik karşısında şiddetli bir muhalefet, yaralanabilirliğin sürekli the world. Relationality is at the core of phenomenology. Therefore, according to the phenomenological understanding of vulnerability, vulnerability is relational in the sense that it always presupposes openness and exposure to the world and to others; it is also relational in the sense that our very relations and bonds are in themselves vulnerable and precarious.[8] Merleau-Ponty states that the vulnerability of consciousness, the vulnerability of the subject, and ultimately the vulnerability of the lived world as flesh are ontologically and existentially prior to the subject's constituting power, rather than its default or failure.[9] The lived body, shaped by time and space, is activated by a kind of intentionality that is vulnerable and responsive to the transformations of our environment, history, and relationships.[10] Moreover, we are already affected, at a pre-reflective level, by the world and by others. Vulnerability, therefore, structures the subject's experience of the world. However, the different ways in which vulnerability will be lived and experienced, the ways in which we will be affected, and thus the meaning that vulnerability will have, can be understood only in light of the particularity of embodied, social experience.

Since the phenomenological approach is based on sensibility, it has intersubjectivity and interdependency at its core.[11] According to Merleau-Ponty, intersubjective relations rely both on the vulnerability of the common world of meanings and on the irreducible finitude that makes any subject vulnerable to others. By accounting for interdependency through a relational ontology, phenomenological approaches to vulnerability accentuate the radical precariousness that defines life itself, and that cannot be erased.[12] How, then, can we maintain and prolong the openness that is necessary to be affected by the world and others? How to embrace our vulnerable, embodied existence? How do we experience our vulnerability? What meaning does it have, if any? Can different kinds and levels of vulnerabilities that we experience be vulnerable connections? How does vulnerability shape our relations to others?

All in all, from a psychoanalytic and phenomenological perspective, we all have the capacity to be vulnerable to one another as bodily, social, and affective beings.[13] Vulnerability is therefore seen as the constitutive ontological condition of being reciprocally exposed to each other's power for care or harm, as well as being susceptible to incidents and conditions beyond our control, with the acknowledgment that it will be lived and experienced in different ways.[14] However, there is also a disavowal mechanism at work. The denial of vulnerability requires one to forget one's own vulnerability and project, displace, or locate it elsewhere.[15] But, any objection to vulnerability does not defeat its operation in our social lives. Indeed, vehement opposition to vulnerability may prove to be the sign of its continuing operation.[16] And therefore, to examine ourselves in the sense of bir işleyişine işaret ediyor olabilir.[16] Bu yüzden, kendi korkularımızın, kendi yaralanabilirliğimizin, kişinin neden ve ne şekilde yaralanabilir olduğunun, başka insanlarda ne şekilde korku ve yaralanabilirlik hasıl ettiğimizin farkında olmak anlamıyla kendimizi incelemek hayati bir öneme sahiptir.

Yaralanabilirliğe bir taraftan siyaset eliyle üretilmeyen, eşitsiz bir şekilde üleştirilmeyen, hepimiz için müşterek ve salt varoluşsal bir koşul gözüyle bakılırsa ortaya ne konmuş olur?[17] Bu bakış iktidar ve ayrımcılığa dayanan farkları görmezden gelme, güç ilişkilerini gizleme riskine girmez mi?[18] Yaralanabilirliğin yalnızca psikanalitik ve fenomenolojik, dolayısıyla da yapıcı yanlarına odaklanmak normatif olmayan grupların karşı karşıya kaldığı, eşitsiz bir şekilde dayatılan yaralanabilirlikleri hasır altı etmek demek değil mi?[19] Alyson Cole yaralanabilirliğe potansiyel kabilinden vurgu yapmanın ve yaratıcı kapasitesini büyütmenin, genel bir zarar görme ihtimaliyle belli birey ve toplulukların halihazırda katlandığı gerçek tahribatlar arasındaki zamansal ayrımın üstünü örttüğünü ileri sürer.[20] Dahası, eşitsizliğe dair algıları zayıflatıp belli yaralanabilirlikler arasındaki önemli ayrımları bulandırabilir.[21] Bu sorunun üstesinden Judith Butler'ın evrensel ve durumsal, Lauren Berlant'ın ise yapısal ve duygusal yaralanabilirlik arasında çizdiği ayrıma başvurarak gelinebilir mi? Butler'a göre evrensel yaralanabilirlik cisimsel varlığımız itibarıyla insan hayatının karakteristiğidir, çünkü hayat sonluluğu ve asli bir sosyalliği gerektirir; varoluşsal koşulumuz kayba, kedere ve ölüme yazgılı, başkalarının hayatlarına dolaşıktır. Öte yandan, eleştirel teorideki yaralanabilirlik mefhumu, ki teori durumsal yaralanabilirliği ele alır, bazı insanları diğerlerine kıyasla toplumsal, siyasal ve ekonomik sömürü, adaletsizlik ve şiddet riskine daha çok maruz bırakan belli yaralanabilirlik hallerine atıfta bulunur.[22]

Yaralanabilir hali, kişinin varlığının değişmez bir koşulu olarak kabul etmek mümkün mü? Nasıl alıcı ve açık olabiliriz ötekine karşı? Başkaları karşısındaki temel yaralanabilirliğimiz, kendimizi ötekine açmada bir güç olarak yorumlanabilir mi? Yoksa yaralanabilirlik kendimizi bütün ve özerk algılamaya yönelik içsel arzumuz yüzünden her zaman fütursuzca bir kenara atılmak zorunda mıdır? Ve neden bazı insanlar diğerlerinden daha yaralanabilir? Bir travma yüzünden mi, siyasal ve toplumsal adaletsizlik yüzünden mi, yoksa her ikisi mi sebep? Meselenin psikanalitik ve fenomenolojik yanlarından söz etmek siyasi yanını önemsizleştiriyor mu? Bunlar birbirini dışlıyor mu, yapısal yaralanabilirlik üzerine düşünmek için bir girizgâh olabilirler mi? Yoksa eksik kalıp zalim bir iyimserliğe mi dönüşür bu?[23] Yaralanabilirlik adaletsizlikleri tartışmak için alternatif bir dil mahiyetiyle kullanılabilir mi? Son olarak, gücü izleyeni etkilemekte yatıyorsa, sanat bu sorulara kafa yormak için en uygun alan olabilir mi? Sanat eserleri perspektifleri değiştirmek için gereken duygusal tepkileri uyandırabilir mi? *Senin de Yaran, Rosa* yaralanabilir ve kırılgan hallerden being aware of our own fears, our own vulnerability, why and in what ways we are vulnerable, and of the way we breed fear and vulnerability in other people is vital.

Still, what is at stake if vulnerability is regarded purely as an existential condition, shared by us all and not also politically produced and unevenly distributed?[17] Does it not risk ignoring differences in power and privilege and concealing power relationships?[18] Does solely focusing on the psychoanalytic and phenomenological, and therefore constructive, aspects of vulnerability not undermine the unevenly imposed vulnerabilities faced by non-normative groups?[19] Alyson Cole states that emphasizing vulnerability as potentiality and amplifying its generative capacity obscures the temporal distinction between a general susceptibility to harm and the actual injuries that specific individuals and communities already endure.[20] Moreover, it might dilute perceptions of inequality and muddle important distinctions among particular vulnerabilities.[21] Could this problem be surmounted by recourse to the distinction made by Judith Butler between universal and situational vulnerability, or to Lauren Berlant's distinction between structural and affective vulnerability? For Butler, universal vulnerability is characteristic of human life by virtue of our embodiment, for it entails finitude and a fundamental sociability; our existential condition is one of predestination to loss, grief, and death, one of primary entanglement in the lives of others. Critical theory's notion of vulnerability, which is situational vulnerability, on the other hand, refers to particular states of vulnerability, which render some humans more at risk than others of social, political, or economic exploitation; injustice; and violence.[22]

Is it ever possible to accept the vulnerable state as a constant condition of one's being? How can one be receptive and open to others? Could the primary vulnerability to others be interpreted as a strength in opening ourselves to those others? Or does vulnerability always have to be carelessly cast aside because of the inner desire to perceive ourselves as whole and autonomous? And why are some people more vulnerable than others? Is it because of a trauma or political and social injustice, or both? Does talking about the psychoanalytic and phenomenological aspects of vulnerability trivialize the political aspect? Are they mutually exclusive, or can they be the entryway to reflecting on structural vulnerability? Does such reflection come short and turn into a cruel optimism?[23] Can vulnerability even be utilized as an alternative language to talk about injustices? Finally, since their power resides in affecting the viewer, could the arts be the most pertinent sphere to ponder these questions in? And can the artworks foster affective responses needed to shift perspectives? *Also Your Wound, Rosa* includes works by artists that address these questions in order to both explore and question the new possibilities born from vulnerable and fragile states.

Gregory Whitehead's *Display Wounds* (1986) is a sound piece that was doğan yeni olasılıkları hem keşfetmek hem de irdelemek için bu soruları ele alan sanatçıların işlerinden oluşuyor.

Gregory Whitehead'in *Teşhir Yaraları* (1986) sanatçının ciddi bir araba kazası sonucunda deneyimlediği aşırı bir yaralanabilirlik halinden esinlenen etkileyici bir eser. Aslen radyo için kaleme alınan metin, tıp kitaplarından, tiyatro oyunlarından, kültürel teoriden, sanat tarihinden ve hermeneutikten "yara manzaraları" dahilindeki şiirsel çağrışımlara bir keşif alanı sunmak için alınan altyazılar üzerine kurulu. Whitehead bu altyazı-metinleri bir "yaraloğun" –yara üzerine çalışan insanlar için kendi yarattığı bir tabir bu– monologlarına dönüştürür. Ameliyata giren bir doktoru oynar ve ameliyatı yaparken ilgilendiği yaraları detaylıca tasvir eder. Canlandırmanın ortasında, Julia Kristeva'yla aynı hattı takip edip, yaraları –ister ruhsal olsun bu yaralar, ister fiziksel– dile getirmenin onlara sonsuza dek kalacak bir dikiş atmaktan daha önemli olduğunu vurgular. Monoloğu kendi performe ederek, yaralardan kurtulmak için ödediğimiz bedeli sorgular. Sakin ve içe işleyen sesi zaman zaman yavaşlatılır; bazen de ifadeler tekrarlanır ve yer yer aralara tangodan cenaze marşına varan müzikler girer.

Gordon Hall'un *Beni Aşağı Kaldır*'ı (2022) heykellerden ve muhtelif performanslardan oluşan, mekâna özgü bir enstalasyon. Eser sanatçının daha önceki tarihli, aslen merhum sanatçı Dennis Croteau'nun tasarladığı bir bank heykelinin reprodüksiyonlarını yaptığı *Aralarındaki İnçlerin Sayısı* (2016) başlıklı çalışmasının devamı niteliğinde. *Beni Aşağı Kaldır*'da da tahsis edilen oditoryumun mimarisini çoğaltıyor, dikey mimari unsurları işlevsel mobilya görevi gören yatay formlara dönüştürüyor. Bu formlar daha sonra bank olarak kullanılan alçak ve dar kirişler halinde katı betona dökülüyor. Hall bu nesneleri iç mekâna taşıyarak, bedenlerimizi çeşitli yaralanabilirlik durumlarında destekleyen kent manzaralarının demirbaşı vasfıyla ve katmanlı anlam ve önemlerini gözler önüne serecek şekilde yeni bir bağlama yerleştirebiliyor. Hall'a göre bir nesneyi çoğaltmak onunla ilişki kurmanın, dolayısıyla nesneyi daha iyi tanımanın bir yolu. Sanatçının pratiği nesnelerle ve birbirimizle ilişkilenme biçimlerimizin kişisel, ilişkisel ve siyasal etkilerini incelerken bir yandan da bedensel yaralanabilirlik, birbirimiz karşısındaki türlü muhtaçlık ve sorumluluklarımız ve desteğin daha geniş bir bağlamda ne anlama geldiği üzerine düşünüyor. Bir şeyleri farklı biçimlerde algılamak açık olmayı gerektirdiğinden, sanatçı kendimize muğlak ve yabancı nesneler tarafından etkilenme izni vermemizin birbirimizle kişiler olarak kurduğumuz ilişkileri de biçimlendireceğine inanıyor. Eseri tamamlayan performans önceden haber verilmeyen rasgele zamanlarda gerçekleşiyor.

Jang Minseung'un *Ses-siz*'i (2014) farklı haikular üzerine kurulu koreografik bir işaret dili performansının video projeksiyonu. Üç dizeden oluşan Japon şiir türü haikular doğadaki imgelere odaklanır ve ifadenin inspired by the artist's own experience of extreme vulnerability due to a serious car accident. Originally created for radio, the text is based on captions drawn from medical text books, plays, cultural theory, art history, and hermeneutics to provide an exploration of poetic connotations within the "woundscape." Whitehead develops the caption-texts into the monologue of a "vulnerologist"-a term he coins for someone who studies wounds. He playacts a doctor who is attending an operation, and while operating, he gives the full description of the wounds to which he attends. In the midst of playacting, in line with Julia Kristeva, Whitehead emphasizes the importance of giving voice to the wounds–be they psychic or physical-rather than suturing them for good. He performs the monologue himself, questioning the price we pay for dispensing with wounds. His calm, penetrating voice is sometimes slowed down; at other times, phrases are repeated, and there are sporadic interruptions with music ranging from tango to a funeral march.

Stand Me Down (2022) by Gordon Hall is a site-specific installation that consists of sculptures and a variety of performances. The piece is a continuation of his earlier work entitled *The Number of Inches Between Them* (2016), for which he made replicas of a found bench sculpture, originally designed by the deceased artist Dennis Croteau. For *Stand Me Down*, he replicates the architecture of the allocated auditorium, transforming the vertical architectural elements into horizontal forms that operate as functional furniture. These forms are then cast into solid concrete as low and narrow beams that function as benches. Bringing these objects indoors, he recontextualizes them in a way that unfurls their layered significance as fixtures of urban landscapes that support our bodies in various states of vulnerability. For Hall, replicating an object is a way of developing a relationship with it, and therefore getting to know the object better. The artist's practice examines the personal, relational, and political effects of the ways we relate to objects and to each other, while considering bodily vulnerability, the kinds of dependencies and responsibilities we have on and for each other, and what support means in its expanded context. Since perceiving things differently necessitates being open, the artist believes that allowing ourselves to be affected by the ambiguous, unfamiliar objects can model the ways we relate to each other as persons. The performance component of the piece takes place at random unannounced times.

Jang Minseung's *Voiceless* (2014) is the video projection of a choreographic sign-language performance based on different haiku. Haiku, a genre of three-line Japanese poem, focuses on images from nature, intuitively linking it to the human condition by emphasizing simplicity, intensity, and directness of expression. *Voiceless* was born out of the 2014 *Sewol* tragedy in Korea, in which a ferry sank, killing hundreds of people, mostly high school students. The event created a collective trauma in sadeliğini, yoğunluğunu ve doğrudanlığını vurgulayarak bunları sezgisel bir şekilde insanlık durumuyla ilişkilendirir. *Ses-siz* 2014'te Kore'de yaşanan, bir feribotun batması sonucu çoğu lise öğrencisi yüzlerce kişinin öldüğü *Sewol* trajedisinden doğdu. Bu olay Kore toplumunda kolektif bir travma yarattı. Jang'ın haiku kullanma kararının etkisi, bunları işaret dilinde aktarmasıyla pekişiyor. Sanatçı olayın konuşulamazlığı ve temsil edilemezliği karşısında kelimelerin anlam ve öneminden sapsa da, soyuta kaymak suretiyle duyum ve duygulanımları aktarmaya odaklanıyor. Metin hiçbir somut karakter ve sesi olmayan soyut bir jeste dönüşüyor ve jestler de işaret dili bilmeyenler için hiçbir anlama gelmiyor. *Ses-siz*'in arka plan müziği Paengmok Limanı'ndan alınan ortam sesi örnekleriyle Jung Jaeil'in bir bestesinin karışımı.

Johanna Hedva'nın *Hasta Kadın Teorisi* başlıklı (2022) makalesi 2016'da yayımlanan aslının gözden geçirilip genişletilmiş hali. Makale sanatçının kronik bir hastalık gerçekliğini atlatabilmesinin bir yolu olarak hayata geçmiş. Hedva'nın kronik hastalığını, sağlık kurumlarının bu hastalıkları ele alış ve ilgileniş biçimlerini anlatımı metnin merkezini teşkil ederken "hasta kadın"ın ortaya çıkışının siyasal, toplumsal ve ekonomik koşullarını ele veriyor. Bakım, yaralanabilirlik, karşılıklı bağlılık ve ötekine karşı duyulan sorumluluğa dayanan bir cemaati ön plana alan bir feminist pratiği ileri sürüyor. *Hasta Kadın Teorisi* her gün yaralanabilirlikleriyle ve dayanılmaz bir kırılganlıkla yüzleşenlere, deneyimlerini görünür kılmak için mücadele etmek zorunda kalanlara yönelik bir yazı. Ayrıca, kronik hasta ya da engelli olmayanlardan da empati kurmalarını istiyor. Yazı bir bedende var olmayı öncelikle ve her zaman yaralanabilir bir şey olarak baştan tarif ediyor, çünkü bir beden zaman zaman yaralanabilirlikten etkilenmekten ziyade, yaralanabilirliğiyle tanımlanabilirdir. Metin, okurlardan, hiç olmazsa birbirimize yaralarımızı ve ardındaki hikâyeleri gösterebileceğimiz inancıyla, birbirlerinin yaralanabilirliklerini, kırılganlıklarını ve güvencesizliklerini ciddiye almalarını, birbirlerini destekleyip güçlendirmelerini istiyor. Bu şekilde, özen ve ilginin bir direniş, birbirimize bakmanın politik bir pratik olduğu fikrini vurguluyor.

Lata Mani ve Nicolás Grandi imzalı *Kırılganlığın Poetikası* ise (2015) metin, fotoğraf, şiir, film, dans, meditasyon, otobiyografi ve Lata Mani'nin yazılarından toplanan bir dizi dokuyu kullanarak kırılganlık algısını keşfe çıkan altmış üç dakikalık bir video anlatısı. San Francisco Körfez Bölgesi'nde çekilmiş. Mani'nin kendi bedensel kırılganlık deneyimleri üzerine düşünceleri, biyografik olanı kolektif bir deneyime dönüştürmek üzere, çeşitli tanınmış sanatçı, yazar ve aktivistlerce performe ediliyor ve bu parçalı formun kullanımı da sanatçının yaşadığı travmatik deneyimin yapısından kaynaklanıyor. *Kırılganlığın Poetikası* hastalığın altını çiziyor ve bunu doğadaki kırılganlığı da hesaba katacak şekilde genişletip varoluşun temel bir unsuru mahiyetiyle yeniden sahiplenmeyi amaçlıyor. Sanatçı,

Korean society. Jang's decision to use haiku is amplified by his conveying them in sign language. He departs from the significance of words in the face of the unspokenness and unrepresentableness of the event, and yet concentrates on the transference of the sensations and affects by moving towards abstraction. While the text becomes an abstract gesture without any tangible characters or sounds, the gestures have no meaning to those who do not understand sign language. The soundtrack of *Voiceless* is a blend of audio samples from Paengmok Harbor and the composition of Jung Jaeil.

Johanna Hedva's essay *Sick Woman Theory* (2022), included in the publication, is a revised version of the original which was published in 2016. The essay began as a way for the artist to survive in the reality of chronic illness. Hedva's narration of their chronic illness and the way medical institutions handle and care for them is at the core of the piece, while also revealing the political, social, and economic conditions of how the "sick woman" came to be. It proposes a mode of feminist practice that foregrounds a community based on care, vulnerability, interdependency, and responsibility to the other. The Sick Woman Theory is for those who are faced with their vulnerability and unbearable fragility every day, and who have to fight to make their experience visible. Additionally, it asks those who are not chronically ill or disabled to stretch their empathy. The piece redefines existence in a body as something that is primarily and always vulnerable because a body is defined by its vulnerability, not affected by it from time to time. The writing asks readers to take each other's vulnerability, fragility, and precariousness seriously, and to support and empower each other, with the belief that the least we can do is to show each other our scars and the stories behind them. Thus, it stresses the idea of care as resistance, of caring for one another as a political practice.

Lata Mani and Nicolás Grandi's *The Poetics of Fragility* (2015) is a sixty-three-minute video narrative that explores the perception of fragility through the use of text, photography, poetry, film, dance, meditation, autobiography, and a range of textures assembled from the writings of Lata Mani. It was shot in San Francisco Bay Area. Mani's reflections on her own experiences of bodily fragility are performed by various renowned artists, writers and activists in order to make the biographical a collective experience, and the utilization of fragmented form is intrinsic to her traumatic experience. *The Poetics of Fragility* emphasizes illness and broadens it to a consideration of fragility in nature as well, seeking to reclaim fragility as foundational to existence within interdependent transience. The artists ponder the ways that speaking of the individual experiences of physical fragility, situated in their social contexts, could become doors that could open conversations about social fragility. Stretching of the time in the video allows elongating the attention span of the viewer, the common thread of the pieces in *Also Your Wound, Rosa*. The bireyin toplumsal bağlamlarda konumlanmış fiziksel kırılganlık deneyimlerinden bahsetmesinin toplumsal kırılganlık üzerine konuşmalara açılabilecek kapılara dönüşmesinin yollarını düşünüyor. Videoda zamanın esnetilmesi izleyicinin dikkat süresinin yayılıp uzamasına imkân tanıyor: *Senin de Yaran, Rosa*'daki eserlerin ortak noktalarından biri bu. Sanatçının video-tefekkür adını verdiği bu mecra bütün duyusallığıyla bir fikrin portresini çıkarmayı ve duyuları görsellikle canlandırmayı hedefliyor. Bu yüzden eser duygusal yoğunluğu düşünsel sakinlikle, düzyazı şiirleri eleştirel sorgulamalarla, dramatik anlatıyı görsel şiirsellikle dengeliyor. Eserin arka plan müziği Ambrose Akinmusire, Viyaj Iyer ve diğerlerinin bestelediği caz müzikle doğa sesleri arasında değişiyor.

Adelita Husni-Bey'in *Kheiron*'u (2019) on sekiz dakikalık bir film. Filme yüksek bir orta sahnedeki enstalasyon eşlik ediyor, sahnenin çevresine sekiz adet yarı saydam pankart asılı. Bu pankartlar ABD'nin göç yasasının tarihini çıkarıyor. Eser sanatçının New York City'de sınır dışı edilme tehlikesiyle karşı karşıya olan insanlara temsil hakkı sağlayan bir göçmen savunma grubu olan UnLocal'dan, duygusal tükenmeyi ve ikincil travmayı anlamak üzere, çalışanlarla atölye çalışmaları yapmak için aldığı davetten doğuyor. Avukatların göçmenlik sistemiyle gündelik mücadelelerinin detaylı bir tasviriyle başlayıp bu mücadele hakkındaki yorgunlukla karışık çaresizlik ve suçluluk hisleriyle ve aynı adaletsizliklerle tekrar tekrar karşılaşmanın nasıl bir şey olduğuyla devam ediyor. *Kheiron* göçmenlik sisteminin adaletsizliklerine dair olguya dayalı tartışmalarla, avukatların deneysel, sözsüz, doğaçlama egzersizleri ve bedensel hareketleri arasında gidip geliyor. Sanatçının ya uyarladığı ya da baştan yarattığı bu pedagojik araçlar Ezilenlerin Tiyatrosu'ndan –Augusto Boal'in geliştirdiği radikal bir tiyatro formu– yaratıcı yazarlığa varan bir çeşitlilik gösteriyor ve acıyı bireysel görmektense acının yapısal analizine odaklanıyor. Husni-Bey'e göre bu doğaçlama tiyatro metotları ve kolektiviteye odaklanma ikincil travmanın –daimi ve yapısal adaletsizliklerle daha bütünlüklü bir şekilde karşı karşıya kalmanın sonucunda travmatize olan ötekiyle yaşanan karşılaşmanın doğrudan tehdit edilmek ya da zarar görmek kadar travmatik olabildiği sınır durumun– anlaşılmasına yardımcı oluyor. Eser ikinci kısma doğru sıvı metaforunun acı hissini tarif etmek için kullanıldığı daha soyut ve şiirsel anlatı biçimlerine evriliyor. Eserin başlığı, isabetli bir şekilde, Yunan mitolojisinde hem eğitmen hem de şifacı olan kentaurlara atıfta bulunuyor; bununla beraber kentaurlar şifa erbabı olsalar bile, kazara yaralandıklarında kendi yaralarını iyileştiremiyordur.

Özgür Demirci imzalı *Sana Anlatmak İstediğim Şeyler* (2020) yirmi iki dakikalık, çift kanallı bir performatif video, iki kanalın da ince ince dokunmuş bir metni ve özel olarak tasarlanmış ses düzeni var. Demirci'nin iki şair arkadaşıyla, Monica Papi ve Ozan Çılgın'la ortak çalışmasının sonucunda ortaya çıkan metinler ruhsal, fiziksel ve tarihsel yaraların medium, which the artists call video-contemplation, aims to make a portrait of an idea with all its sensuality, and to bring the senses alive through visuality. Therefore, the piece balances emotional intensity with speculative calm, prose-poems with critical inquiry, dramatic narration with visual poetry. The soundtrack of the piece alternates between jazz music composed by Ambrose Akinmusire, Vijay Iyer and others and the sound of nature.

Adelita Husni-Bey's *Chiron* (2019) is an eighteen-minute film along with an installation comprising an elevated center stage around which hang eight black-lit, semi-transparent banners. These banners chronicle a history of changing US immigration law. The piece was born out of the invitation to the artist from UnLocal, a migrant advocacy organization that provides pro-bono representation for persons facing deportation in New York City, to conduct workshops with its staff in order to explore emotional depletion and secondary trauma. The piece opens with lawyers' detailed descriptions of their day-to-day tussle within the immigration system, followed by their feelings about this struggle, such as helplessness and guilt coupled with fatigue, and what it means to come up against the same injustices over and over again. *Chiron* alternates between matter-of-fact discussions of the injustices of the immigration system and the experimental and non-verbal, improvised exercises and bodily movements that lawyers perform. These pedagogical tools that the artist either adapts or creates range from the Theater of the Oppressed–a radical form of theater developed by Augusto Boal-to creative writing, and focus on the structural analysis of pain rather than seeing pain as individualistic. According to Husni-Bey, these improvisational theater methods and the focus on collectivity help to explore secondary trauma, a limit situation in which encountering the traumatized other can be as traumatic as being directly threatened or harmed, as a result of confronting constant structural injustices more thoroughly. Towards the second part, the piece evolves into more abstract and poetic forms of narration in which the metaphor of liquid is used to describe the feeling of pain. The title aptly refers to one of the centaurs from Greek mythology who was both an educator and healer. However, even if he was the master of healing, when he was accidentally wounded, he could not heal his wound.

The things I want to tell you (2020), by Özgür Demirci, is a twenty-two-minute, two-channel performative video with intricately woven text and specially designed sound for each. The texts, an outcome of a collaboration between him and two poet friends, Monica Papi and Ozan Çılgın, presents a story of a journey towards the source of spiritual, physical, and historical wounds, and the healing that is acquired later. On one channel, the camera follows and captures a woman who is continuously monologuing about individual and collective wounds that one encounters in one's lifetime, while moving across hills made of hollows and mounds that resemble kaynağına doğru bir yolculuğun hikâyesini sunuyor ve şifaya sonradan ulaşılıyor. Bir kanalda kamera, tendeki yaralara benzeyen çukur ve tümseklerden olma tepelerde gezerken kişinin ömrü boyunca karşılaştığı bireysel ve kolektif yaralar hakkındaki monoloğuna ara vermeyen bir kadını takip ediyor. Merheme yoğunlaşan diğer kanalsa yara metnine şifa verici bir yanıt niteliğinde. Bir figürün bir yandan yaralı figürün monoloğuna aralıklı olarak cevap verirken acele etmeden, yavaş yavaş ekrana yaklaştığı bir gölde çekilmiş. Manzaraların ve metinlerin yoğunluğunun arasındaki uyuşmazlık etkiyi güçlendiriyor. Demirci'nin pratiği, katı bir siyasi tavır almaktansa, bellek kavramına, gündelik hayata içkin toplumsal hareketlerin izlerine ve siyasi hareketlerin geride bıraktığı izlere demir atan kişisel ve toplumsal olaylar etrafında dönüyor. Videonun arka plan müziği uzmanlık alanı müzik terapisiyle şifa vermek olan müzisyenlerce bestelenmiş.

Gamze Hakverdi'nin *Yaralanabilirliğin Sesi* (2022) adlı eseri yayımlanmak üzere kaleme alınmış, yaralanabilirliğin içsel ve dışsal seslerini irdeleyen, keşfeden, bunların etrafını dolaşan bir makale. Kavramı akademik bir üslupla işleyen ve ses getiren kitabı *Vulnus: Kırılganlık Üzerine*'nin (2021) aksine, bu makale daha içgüdüsel. Hakverdi burada yaralanabilirliğin sesini ararken başlangıç noktasını çocuklarda ve çocuklukta konumlandırıyor. Kendi oğlunun yaşadığı bedensel bir incinmeye cevaben çıkardığı katışıksız sesle başlıyor ve dışsal sesin yetişkinlikte nasıl kontrol edildiğinin, susturulduğunun ve/veya sansürlendiğinin izini sürüyor. O katışıksız sesin, çocukluğun sözsüz, saf sesinin, o sesi evcilleştirmek için yapılan her müdahalenin sessizlik katmanlarına nasıl eklemlendiğinin izini sürüyor. Yazının sonuna doğru, düşünce sürecini kendi çocukluğundan hatırladığı somutlaşmış bir deneyime bağlıyor. Ve sonra soruyor: "(...) Eğer içimizdeki kabarenin gürültüsünden utanmak ve onu otoriter bir sesle susturmak yerine ona kulak versek, orada sahnelenen çocukluğumuzun saf-seslerini, çığlıkları, yüksek sesle ağlamaları, haykırışları, utanca kapılmadan yeniden öznelliğimizin bir parçası haline getirebilseydik, bu iyileştirici olur muydu?"

Amal Kenawy'nin *Öldürüleceksin* (2006) adlı eseri desen koleksiyonundan derlenen altı dakikalık bir video animasyon. Ortam –bir askeri hastane– Kenawy'nin diğer eserlerinde işe koştuğu soyut uzamlarla tezat teşkil ediyor. Eser sanatçının hastane duvarlarının üstüne yerleştirilmiş bir portresiyle başlıyor. Video ilerledikçe, hastane mekânı hayali bir mekâna dönüşüp sonra da şiddete tanıklık eden mahaller, bu şiddetin insanların üstündeki etkisi, bilinçdışı korkular ve bedenin açık olduğu yaralanabilirlikler arasında gidip geliyor. Kenawy'nin eskizleri, bilinci ve bilinçdışını keşfetmek için, hatırlananları, düşlenenleri ve hayal edilenleri temsil eden sembollerden yoğun bir şekilde faydalanıyor. Kemirgenler, ağaçlar, leğenler ve kesilen uzuvlar hem korku ve acıyı, hem de şiddeti ve incinmeyi çağrıştırarak tekrar eden imgelerden bazıları. Bir wounds on skin. The other channel, which concentrates on ointment, is a healing response to the wound text. It is shot on a lake where a figure leisurely approaches the screen while responding intermittently to the monologue of the wounded figure. The discrepancy between the landscapes and the intensity of the texts adds to the effect. Demirci's practice revolves around the personal and social events that are anchored in the notion of memory, and traces of the social movements intrinsic to everyday life or traces that political movements leave behind, rather than taking a head-on political approach. The soundtrack of the video is composed by musicians specialized in healing by music therapy.

Gamze Hakverdi's contribution, *The Voice of Vulnerability* (2022), is a commissioned essay for the publication, which scrutinizes, explores, and meanders around the inner and outer voice of vulnerability. In contrast to her renowned book *Vulnus: On Vulnerability* (2021), which was an academic exploration of the concept, this essay is more of a visceral one. Hakverdi locates children and childhood as a starting point in the search for the voice of vulnerability. She starts with her own son's sheer voice in response to a bodily injury, and tracks how the outer voice gets to be controlled, silenced, and/or censored in adulthood. She traces this sheer voice, the non-verbal, pure voice of childhood, and how every intervention to tame the voice is incorporated in the layers of silence. Toward the end of the essay, she ties her thought process to a recollected embodied experience from her own childhood. And she asks "(...) If we were able to reintegrate the pure voices of our childhood, the screams, the noisy tears, the shouts of the cabaret into our subjectivity without giving way to shame, would this be healing?"

You Will be Killed (2006), by Amal Kenawy, is a six-minute video animation compiled from a collection of drawings. The setting of the video — a military hospital — contrasts with Kenawy's deployment of abstract spaces in her other works. The piece begins with a portrait of the artist superimposed on the hospital walls. As the video progresses, the actual space of the hospital transmutes into an imaginary space, then shuttles back and forth between locations that have witnessed violence, its effect on people, and the unconscious fears and vulnerabilities to which the body is susceptible. Kenawy's sketches draw heavily on symbols representing the remembered, the dreamt, and the imaginary in order to explore the conscious and the unconscious. Rodents, trees, basins, mutilated body parts are recurring images that evoke fear and pain as well as violence and injury. From rats gnawing at a female figure, making her bleed heavily, to the architectural space transforming into a cage, Kenawy foregrounds the insurmountable link between human vulnerability and violence in its many different forms. In using stop-motion, the artist combines the simplicity of the medium and the intensity of her subject matter to reinforce the impact of the work. Likewise, the fragmentary nature of the dişi figürü kemirip ona büyük miktarda kan kaybettiren sıçanlardan tutun da bir mağaraya dönüşen mimari uzama kadar, Kenawy insan yaralanabilirliği ile şiddetin pek çok farklı biçimi arasındaki aşılmaz bağı ön plana çıkarıyor. Sanatçı *stop motion*'ı kullanarak mecranın yalınlığıyla konusunun yoğunluğunu birleştirip eserin etkisini artırıyor. Montajın ve arka plan müziğinin parçalı yapısı da aynı şekilde rahatsız edici bir etki yaratmaya yarıyor. Daha kapsamlı bir açıdan, sanatçı bireyin kendisiyle ve çevresiyle ilişkisini, deneyimlerin ve ortamların bireyi nasıl etkilediğini ve bireyin bunlara dair algısını keşfetmekle ilgileniyor.

Alev Ersan'ın mekâna özgü enstalasyonu *Aynadaysa Isırmaz* (2022) Kurtuluş Rum İlkokulu merdivenlerinin tamamını kapsıyor. Eser bir dizi ses enstalasyonundan, bir düzyazı şiirden ve çıkartmalardan oluşuyor. Merdiven tırabzanlarına yerleşen on iki hoparlör ziyaretçileri dolaşma, kaşınma, pençe seslerinden uyuma, koklama, yemek yeme seslerine çeşitlilik gösteren seslere çekiyor. Yaratılmak istenen etki bir köpeğin bedeninde yukarı tırmanma hissi. Enstalasyona eşlik eden düzyazı şiir 1910'da yaşanan Hayırsız Ada Sürgünü felaketiyle –İstanbul'un sokak köpekleri çorak ve ıssız bir adada ölüme terk edilmişti– 1929'da okulun bulunduğu semti yakıp kül eden yangını, serbest çağrışımla da olsa, birlikte dokuyan parçalı bir anlatı. Ersan enstalasyonunun üçüncü kısmında insanlarla köpekler arasındaki, köpeklerin hem çeşitli biçimlerde hoş görüldüğü, sevildiği ve bakıldığı, hem de kötülendiği, istismar edildiği ve öldürüldüğü karmaşık ve sorunlu ilişkiyi örnekleyen çelişik yakıştırmaların listesini derledi. Bu yakıştırmalar daha sonra sergi boyunca dağıtılacak çıkartmalara uyarlandı. Merdiven, enstalasyonun tüm bileşenleriyle birlikte, kişinin hayvanla karşılaştığını, ona dokunduğunu, onu dinlediğini ve neredeyse okşadığını hissettiği bir eşiğe ve insanla insan olmayan arasındaki ilişkiyi ciddiye alacağı bir uzama dönüşüyor. Eser şunu soruyor gibi görünüyor: İnsanla insan olmayan arasındaki bu liminal alan ortaya kişinin kendiyle yüzleştiği bir süreç çıkarıyor mu? Alev Ersan'ın çalışması kaynağını anlatı ve metin kadar edebi çeviriden de alıyor. Dil ve bellek gerek ağıt ve mezar yazıtlarının, gerek kişisel ve kamusal yasın deneysel biçimlerine odaklanan sabit dip akıntıları.

Senin de Yaran, Rosa yaralanamazlık zırhının yalnızca ara sıra bile olsa çatladığı ve/veya kırıldığı durumları sorguluyor. Bu eserler ve psikanalitik, fenomenolojik ve siyasi perspektifler üzerinden, farklı yaralanabilirlik deneyimleri arasında bir bağlantı bulabilmeyi ve yaralanabilirliklerimizi bertaraf etmek yerine onlarla yaşamanın yollarını hayal etmeyi amaçlıyor. Sanatçıların işleri muhtelif yaralanabilirlik katmanlarını sakin ama tesirli bir üslupla incelerken yarattıkları değişim potansiyelini de teslim ediyor. Sergi, izleyicileri kendilerini farklı yaralanabilirlik algılarına açmaya ve kendilerine baktıkları şeyden etkilenme izni vermeye teşvik etmeyi hedefliyor. Bu da yaralanabilirliğin pek çok yönünden biri ne de olsa.

editing and soundtrack serves to create a deeply unsettling effect. In her work more broadly, the artist is interested in exploring the individual's relationship to themselves and their environment, how experiences or surroundings affect them, and how the individual perceives them.

Alev Ersan's site-specific installation, *If in Mirrors It Does Not Bite* (2022), encompasses the entire staircase of the Kurtulus Greek Primary School. The work comprises a set of sound installations, a prose poem and stickers. Twelve speakers mounted on the staircase bannisters immerse the audience in a variety of sounds ranging from roaming, scratching and pawing, to sleeping, sniffing and eating. The effect is to give the sensation of climbing gently up a dog's body. The prose poem accompanying the installation is a fragmented narrative which interweaves the calamitous Hayirsiz Ada Exile of 1910- a reference to the shipment of Istanbul's stray dogs to a barren, uninhabited island where they were left to die-and the 1929 fire that swept through the School neighborhood - albeit in a free association form. For the third part of her installation, Ersan compiled a list of contradictory epithets epitomizing the complex and problematic relationship between humans and dogs where dogs are variously tolerated, loved and cared for, but also reviled, abused and killed. These epithets were then transcribed to stickers which will be given away during the exhibition. With all the components of the installation, the stairs become a threshold where one has the sense of encountering, touching, listening to and almost stroking the animal and a space in which to take human and nonhuman relationships seriously. The piece seems to pose the question: Could this liminal space between human and nonhuman elicit a process of self-confrontation? Alev Ersan's practice is rooted in composition and narrative as well as literary translation. Language and memory are constant undercurrents with the focus on experimental forms of elegy and epitaphs as well as private and public mourning.

Also Your Wound, Rosa interrogates the states in which the armor of invulnerability cracks and/or breaks down, even if only occasionally. Through these works, and through psychoanalytic, phenomenological, and political perspectives, the exhibition aims to find a connection between different experiences of vulnerability and to imagine ways of living with our vulnerabilities rather than eliminating them. The artists' works acknowledge various layers of vulnerabilities as creating a potential for change, while examining them in a quiet yet potent manner. The exhibition aspires to encourage spectators to open themselves to different perceptions of vulnerability and to let themselves be affected by what they are looking at. That is, after all, one of the many aspects of what vulnerability is.

1. Paul Celan, *Selected Poems and Prose of Paul Celan*, (New York: W.W. Norton, 2001) s. 271.
2. Julia Kristeva, *Korkunun Güçleri: İğrençlik Üzerine Bir Deneme*, çev: Nilgün Tutal Cheviron (Ayrıntı Yayınları, 2014).
3. Emily Dickinson, *A not Admitting of the Wound* (www.poetryfoundation.org).
4. Koivunen, Anu, vd., *The Power of Vulnerability: Mobilizing Affect in Feminist, Queer and Anti-Racist Media Studies*, (Manchester University Press, 2018) s. 24.
5. Rolnik, Suely, "The Geopolitics of Pimping" (http://transform.eipcp.net/transversal/1106/rolnik/en/2006).
6. *A.g.y.*
7. Gilson, Erinn, "Vulnerability, Ignorance and Oppression" (*Hypatia*, Cilt: 26, Sayı: 2, 2011) s. 312.
8. Boublil, Elodie, "The Ethics of Vulnerability and Phenomenology of Interdependency" (*The Journal of the British Society for Phenomenology*, Cilt: 49, Sayı: 3, 2018) s. 184.
9. *A.g.y.*
10. *A.g.y.*
11. Zeynep Direk'le yürütülen tartışmalara istinaden.
12. Boublil, Elodie, "The Ethics of Vulnerability and Phenomenology of Interdependency" (*The Journal of the British Society for Phenomenology*, Cilt: 49, Sayı: 3, 2018) s. 186.
13. Koivunen, Anu, vd., *The Power of Vulnerability: Mobilizing Affect in Feminist, Queer and Anti-Racist Media Studies*, (Manchester University Press, 2018) s. 4.
14. *A.g.y.*
15. Butler, Judith, Gambetti Zeynep ve Sabsay Leticia (ed.), *Vulnerability in Resistance*, (Duke University Press, 2016) s. 4.
16. *A.g.y.*
17. Koivunen, Anu, vd., The Power of Vulnerability: Mobilizing Affect in Feminist, Queer and Anti-Racist Media Studies, (Manchester University Press, 2018) s. 5.
18. *A.g.y.*
19. Hirch, Marianne, "Vulnerable Times" (https://read.dukeupress.edu/books/chapter-pdf/577274/9780822373490-005.pdf).
20. Cole, Alyson, "All of Us Are Vulnerable but Some Are More Vulnerable Than Others: The Political Ambiguity of Vulnerable Studies, An Ambivalent Critique" (*Critical Horizons*, Cilt: 17, Sayı: 2, 2016) s. 269.
21. *A.g.y.*
22. Mills, Catherine, *Butler and Ethics*, (Edinburgh University Press, 2015) s. 41-64.
23. Berlant, Lauren ve Greenwald, Jordan, "Affect in the End Times: A Conversation with Lauren Berlant." (Qui Parle: Critical Humanities and Social Sciences, Cilt: 20, Sayı: 2, 2012) s. 76.

1 Celan, Paul. *Selected Poems and Prose of Paul Celan*. W.W. Norton, 2001, p. 271.
2. Kristeva, Julia. *The Portable Kristeva*, Updated Edition, edited by Kelly Oliver, Columbia University Press, 2012, p. 244.
3. Dickinson, Emily. "A Not Admitting of the Wound." *Poetry Foundation*, https://www.poetryfoundation.org/poems/56455/a-not-admitting-of-the-wound-1188.
4. Koivunen, Anu, et al. *The Power of Vulnerability: Mobilizing Affect in Feminist, Queer and Anti-Racist Media Studies*. Manchester University Press, 2018, p. 24.
5. Rolnik, Suely. "The Geopolitics of Pimping." https://transversal.at/transversal/1106/rolnik/en.
6. Rolnik, Suely. "The Geopolitics of Pimping." https://transversal.at/transversal/1106/rolnik/en.
[7.] Gilson, Erinn. "Vulnerability, Ignorance and Oppression." *Hypatia*, vol. 26, no. 2, 2011, p. 312.
8. Boublil, Elodie. "The Ethics of Vulnerability and Phenomenology of Interdependency." *The Journal of the British Society for Phenomenology*, vol. 49, no. 3, 2018, p. 184.
9 Boublil, Elodie. "The Ethics of Vulnerability and Phenomenology of Interdependency." *The Journal of the British Society for Phenomenology*, vol. 49, no. 3, 2018, p. 184.
10 Boublil, Elodie. "The Ethics of Vulnerability and Phenomenology of Interdependency." *The Journal of the British Society for Phenomenology*, vol. 49, no. 3, 2018, p. 184.
11 Based on discussions with Zeynep Direk in May 2021.
12. Boublil, Elodie. "The Ethics of Vulnerability and Phenomenology of Interdependency." *The Journal of the British Society for Phenomenology*, vol. 49, no. 3, 2018, p. 186.
13. Koivunen, Anu, et al. *The Power of Vulnerability: Mobilizing Affect in Feminist, Queer and Anti-Racist Media Studies*. Manchester University Press, 2018, p. 4.
14. Koivunen, Anu, et al. *The Power of Vulnerability: Mobilizing Affect in Feminist, Queer and Anti-Racist Media Studies*. Manchester University Press, 2018, p. 4.
15. Butler, Judith, Gambetti Zeynep and Sabsay Leticia, editors. *Vulnerability in Resistance*. Duke University Press, 2016, p. 4.
16. Butler, Judith, Gambetti Zeynep and Sabsay Leticia, editors. *Vulnerability in Resistance*. Duke University Press, 2016, p. 4.
17. Koivunen, Anu, et al. *The Power of Vulnerability: Mobilizing Affect in Feminist, Queer and Anti-Racist Media Studaies*. Manchester University Press, 2018, p. 5.
18. Koivunen, Anu, et al. *The Power of Vulnerability: Mobilizing Affect in Feminist, Queer and Anti-Racist Media Studies*. Manchester University Press, 2018, p. 5.
19. Hirch, Marianne. "Vulnerable Times."
https://read.dukeupress.edu/books/chapter-pdf/577274/9780822373490-005.pdf.
20. Cole, Alyson "All of Us Are Vulnerable but Some Are More Vulnerable Than Others: The Political Ambiguity of Vulnerable Studies, An Ambivalent Critique." *Critical Horizons*, vol. 17, no. 2, 2016, p. 269.
21. Cole, Alyson "All of Us Are Vulnerable but Some Are More Vulnerable Than Others: The Political Ambiguity of Vulnerable Studies, An Ambivalent Critique." *Critical Horizons*, vol. 17, no. 2, 2016, p. 269.
22. Mills, Catherine. *Butler and Ethics*. Edinburgh University Press, 2015, p. 41-64.
23. Berlant, Lauren and Greenwald, Jordan "Affect in the End Times: A Conversation with Lauren Berlant." Qui Parle: Critical Humanties and Social Sciences, vol. 20, no.2, 2012, p. 76.

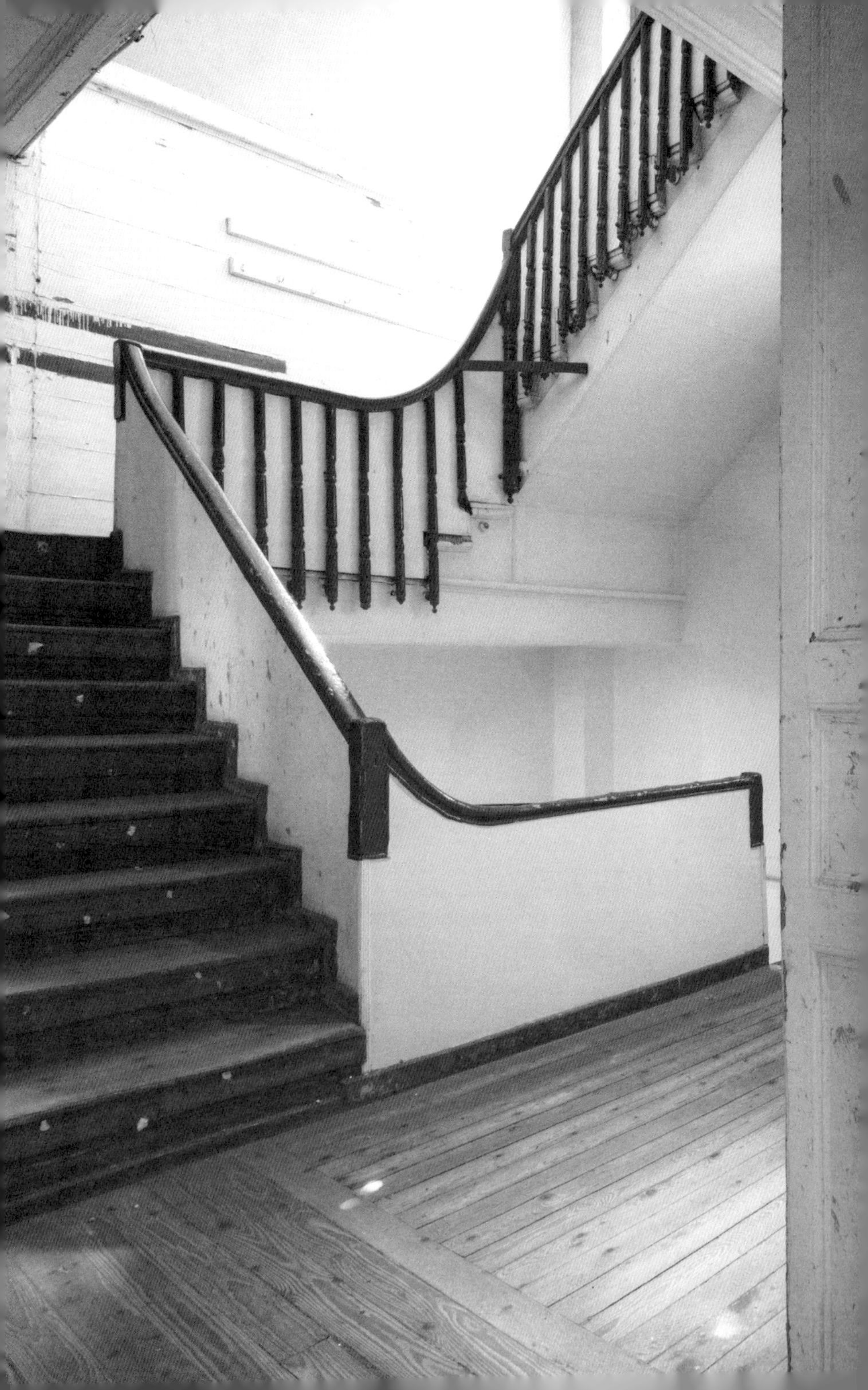

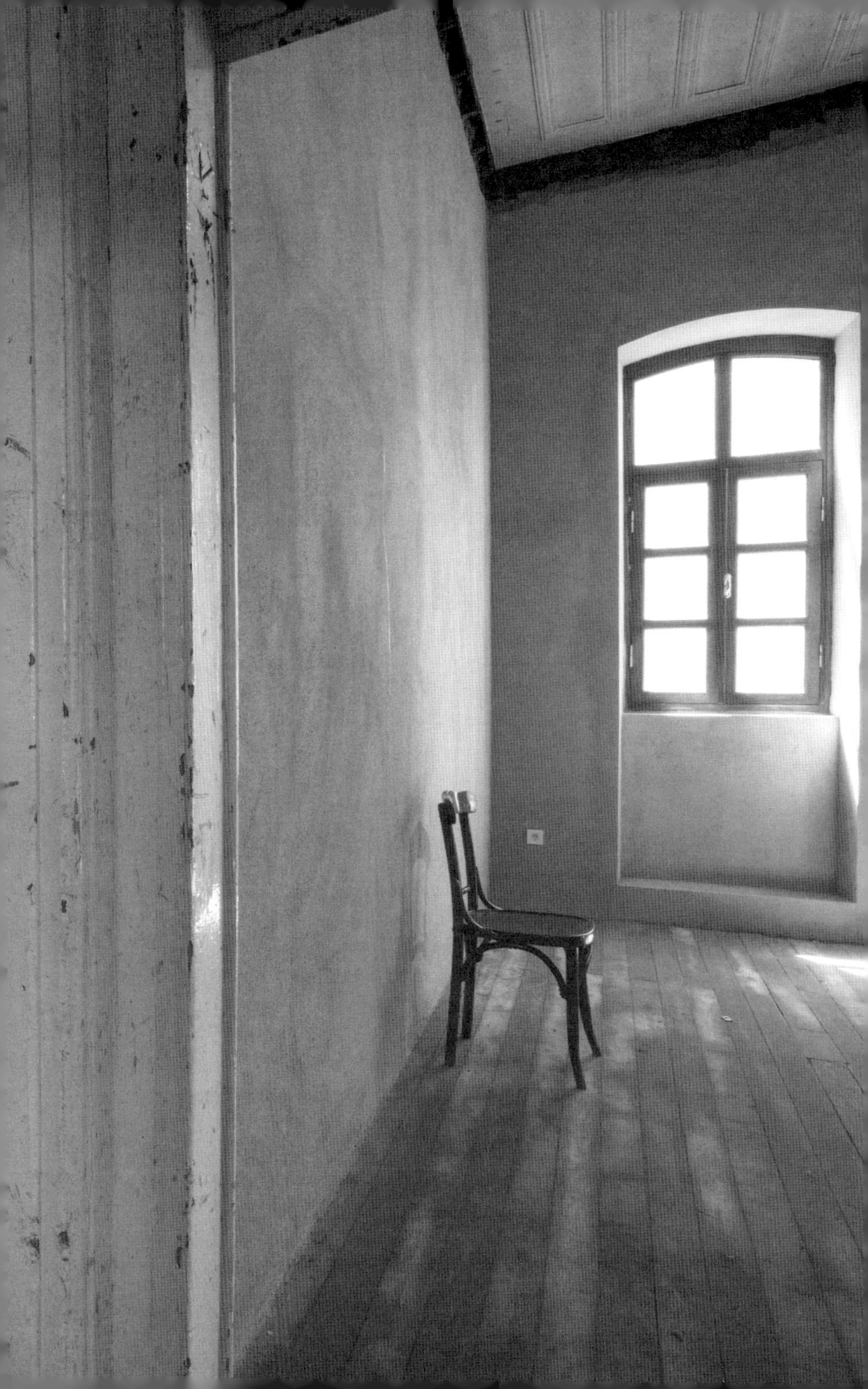

Özgür Demirci

Olanlar ve Olmayanlar*

Sen sadece hastalık, sen sadece bu sayıklamalar, paniğini kukla yapandan güzellemeler, sen sadece insanlığın en eski sıtmaları, kara vebası, veremleri, en yeni tümörleri, ya da gelecekteki henüz bilinmeyen son moda marazları, sen bedeninde ve ruhunda yarattığın ya da yaratacağın tüm bu mikro katiller değilsin. Sen sadece seni kaplayan bu yara, sen sadece seni ele geçiren bir cüzzam görüntüsü değilsin. Sen sadece üzüntü tortusuyla beslenen ülser, sen sadece günü geldiğinde anı birikmesiyle gelişen anevrizmalar, kendi omuriliğinin bizzat bedenine ihanetiyle patlayan felç, beyindeki baloncuktan öngörülebilir bir dışavurum, ölümün yalnız deneyiminden kendisine acınan bir parça ya da açılan kafatasından artakalan bir iyileşme değilsin.

Sen suyu arayan kavimlerin, yaşama koşanların, kendini çileye geren göğüslerin, acıyı gönüllü giyen keşişlerin, metanetin, kaçmadan savaşmayı bilenlerin, kılıcını kaldıran kolların, iç kuvvetini duyan karınların, zamanı silmeyi beceren iradenin, müziği ve ritmi duyan kulakların, dansı ve evrenle uyumlu salınımı deneyimleyen bedenlerin, neşe ve hafifliği duyumsayan ruhların, rüzgârı koklayabilen burunların, gerektiğinde toprağa yağmuru çağıran sezginin, göçen kuşları takibi bırakmayan çelikten gözlerin, atını bilinmezin coşkusuyla koşturan geçmiş neslin çocuğusun.

Yatağa düş! Ayağa kalk! Titremelerle terle, nasılsa her seferinde kuruyacak tenin. Sürün şimdi, dimdik yürüyeceksin sonra...

Özlediğin şey geridedir. Geri en hayati duygularının boşluklarına bir kan gibi dolarak seni gütmektedir. Geri daima ve durmadan seni bir gölge istismarı gibi takip etmektedir.

Geçmişi çok düşünen bir beynin var. Bu beyin sana doğanın bir anda olmamasından miras kalmıştır. Bedenin sana miras kalmamıştır. Şu zavallı kolların ve bacakların. Sana tahsis edilmemiştir. Ansızın bir sokakta ardına düşen gölgeyi ensene yansıyan bir yoğun nefes olduğunda sezmişsindir.

Those Who are and Who are not*

You are not only disease; you are not only these wanderings, praises from the one who makes panic their puppet; you are not only humanity's oldest malaria, black plague, tuberculosis, newest tumors or the latest trending illnesses in the future that are not even known yet; you are not all these micro killers that you have created and will create in your body and soul. You are not only this wound that covers you, this appearance of a leper that has taken you over. You are not only this ulcer fed by the residue of sadness, the aneurysms that are developed by the accumulation of memories when the day comes, the stroke that explodes, betraying the body by its own spinal cord, an expression that can be foreseen by the bubble in the brain, a piece pitied by the lonely experience of death or a healing remaining in the skull that has been opened up.

You are the tribes looking for water, those who run toward life, chests taut against ordeals, monks who take on pain voluntarily, determination, those who know how to fight without escaping, arms that raise their swords, guts that feel their inner strength, willpower that can erase time, ears that hear music and rhythm, dancing and swaying in harmony with the universe, the noses that can smell the wind, the intuition that can call on the rain to the soil when necessary, the iron eyes of migrating birds that never give up the pursuit, the child of the past generation who rides their horse with the excitement of the unknown.

Fall into bed! Get up! Sweat it out with convulsions; your sweat will dry every time no matter what. Crawl now; afterwards, you'll walk upright...

What you are longing for is behind you. What's behind propels you, seeping into the gaps between your most vital emotions. It follows you ceaselessly like a shadow, always.

You have a mind that often thinks about the past. This mind is the heritage of nature not having happened at once. You did not inherit your

Sezme. Sakın sezme. Onun bir gölge sinsiliğinde sokağa yayılan gıyabi bir dehşet olduğunu sezme. Bedenini sezme. Çünkü bir anlığına bile olsa bu sezginin zamanına düştüğün vakit sokaktaki tek ebe sen olacaksın.

Demek ki geçmiş sandığımızdan daha ağır ve sıkıcı. Daha uzun ve soğuk. Daha kıvrımlı ve barok. Bazı insanlar sıçtıktan sonra sifonu çekmez. Demek ki geçmiş daha anlamlı ve basit. Boklarını görmemizi isterler. Bu narsisizmin en dolaysız ve ritüelli anlatımıdır. Arkalarında bir ritüel bırakırlar. Boklarını görmemizi isterler. Hastalardır. Çünkü aramızdaki sözleşmeyi kendi saf bireysellikleriyle bozarlar. Herkes narsisisttir. Çünkü kimse kendi bokundan iğrenmez. Bize bunu anlatırlar. Ki çok zaman oldu. Bize bir zaman bok yedirdiydiler. Siz nesnel olmayan bir tarafsızlıkta kaldınız dediler. O zaman tarafınız belli oldu dediler. Korkuyu boğalarla üzerimize saldılar. Allah büyük korkudan değil. Ama tarafın o kadar saf görünmesinden dolayı bir bir dizildik. Bize geleceğin bokunu yedirdiler. Çünkü içinde olduğumuz şimdi güçlü bir geçmiş tarafından zapt edilmişti.

Beynin beyin olmaktan yorulmadı. Bu yorgunsuzluk geçmişi hep tarih olarak algında diri tuttu. Ölüler geçmişti. Yaşayanlar geçmişti. Ölülerle yaşayanların geçmiş olmasıyla beyninin yorgun olması arasındaki dengesizliği tarih bildin. Çünkü tarih arka planda duran bir aktörün seslenişi olarak vurmadı duyularına. Duyuların yoktu ki. Onları bir ameliyat masasında aldılar. Bir tümörü ya da bir cenini alır gibi. Sevgilin para ayarladı. Gerek yok dedi. Bakamayız. Biz kendimize bakamıyoruz ona nasıl bakalım. Zaten o şu an o olarak kurulmadı ki. Bak hadislere. İki aydan evvel can değil derler. Telefon açıldı. Belki de İstanbul'daydı. Çünkü İstanbul her zaman geçmiştir.

Geçmiş iri ve büyüktür. Helezonlardan sızan bir Joseph Beuys maddesinin anı olarak sertleşen filminde dolanır. Uçak düşmüştür. Uçak her zaman düşer. Yorgun beynin kaç kere anımsadı bunu. Bir anlığına yüksekteyken ve dünya aşağıdayken anımsadı. Sen anımsamadın. Çünkü sen anımsamayı geçmiş zannettin. Anımsama tarihtir. Bir sigara basmıştı koluna. Kültürpark'ta gölün kıyısındaydınız. O kadar güzel zamanlardı ki gölün kıyısında olmak her şeyi açıklayabilecek bir algı gibi dolaşıyordu havada. Örgütler yaz mevsimlerinde genleşen bir kan dolaşımı gibi şahdamarımızdan bile yakın duruyordu. Özendin. Dedin ki bu bir geçmiştir ya da tarih. Eğer ben de basarsam elime sigarayı tarih olur. Yanıldın. Tarih izlerden takip edilen bir yolculuk değildir. Geçmiş ise yalnızca izlerde buharlaşan bir tarihtir.

Demek ki artık bize bunu öğreten celebin kimin babası olduğunu öğrenme vakti yakındır. Annenin babasıdır o. Eve et getirir. Çünkü eve etten başka getirilecek bir şey yoktur. Çünkü "etlerimiz çürür gökyüzünü kokutur". Etlerimiz kokar. Zorla karı olmaklığın nesnesiz kadını olmak zorunda olmanın anneliği doğurduğu yerde çocuk mutsuzdur. Çocuk evin ardındaki kayalıklara kaçtığı gün yeryüzüne yağan yağmur gibi fark etmiştir bunu.

body. Oh, those poor arms and legs of yours. They have not been allocated for you. You have all of a sudden sensed the shadow behind you on a street through an intense breath. Do not sense it. Just don't! Do not sense that it is a horror pervading the street as sinister as a shadow. Do not feel your body. Because even for a moment, if you fall into the time of this intuition, you will be the only one tagged on that street in this weird hide and seek.

So the past is heavier and more boring than we had assumed. Longer and colder. Curvier and more baroque. Some people don't flush after they have taken a shit. So the past is more meaningful and simpler. They want us to see their shit. This is the most direct and ritualized narrative of narcissism. They leave behind a ritual. They want us to see their shit. They are sick. Because they disrupt the contract between us with their pure individuality. Everyone is narcissistic. Because no one is disgusted by their own shit. They tell us about this. Which has happened many times. At one point, they had made us eat shit. They told us that you remained within an objectivity that is not tangible. Then your side was determined, they said. They released fear into us with bulls. God is not of the big fear. But as that side appeared pure, we lined up one by one. They made us eat the shit of the future. Because the now that we are in was captured by a strong past.

Your brain is not fatigued from being a brain. This absence of fatigue has kept the past live in your perception as history. The dead were the past. The living were the past. You assumed the imbalance between death and living, and your brain being fatigued to be history. Because history did not hit your senses as the calling out of an actor in the background. You did not have senses. They removed them on the surgery table. Like removing a tumor or an embryo. Your lover arranged the money. They said, there was no need. We couldn't take care of it. We can't take care of ourselves, how could we take care of it. It was not built as they, now. Look at the hadith. It is not a soul before two months. The phone is turned on. Perhaps they were in Istanbul. Because Istanbul is always the past.

The past is big and expansive. It wanders in its film, which hardens as a memory of a Joseph Beuys substance leaking from the spirals. The plane has crashed. The plane always crashes. How many times did your tired brain remember that? For a moment, they remembered when they were high up and the world was down below. You didn't remember. Because you thought remembering was the past. Remembering is history.

They had pressed a cigarette on your arm. You were on the shore of the lake in Kültürpark. It was such a beautiful time that being on the shore of the lake was floating around like a perception that could explain everything. Organizations stood even closer than our jugular veins, like the blood circulation that expands in the summer. You emulated. You said this is a past or a history. If I press it too, the cigarette in my hand will become history. You were wrong. History is not a journey followed through traces.

Çok basit. Özdeşlik mantığını müdrikeye doğru ötelemenin anlamı yok. O oydu. Onlar da onlardı. Önce onlar bir kargıyla yaklaştılar etine. Sonra o döndürüverdi bıçağı teninde. Önce onlar bir isim koydu ürkekliğine. Sonra o dengeledi teraziyi bilincinde. Önce onlar söylemedi kim olduğunu resimlerinde. Sonra o söyledi kim olmadığını ellerinde. Önce onlar sakladı nedenleri gökyüzünde. Sonra o indirdi yasaları yeryüzüne. O her şeydi. Onlar tekti. O aşktı. Onlar yaraydı.

*Bu metin, Monica Papi ve Ozan Çılgın tarafından "Sana Anlatmak İstediğim Şeyler" isimli videonun senaryo sürecinde yazılmış, kullanılan ve kullanılmayan metinlerden oluşmaktadır.

The past is a history that evaporates only in traces.

So now the time is near to learn whose father the butcher that taught us this is. They are the father of your mother. They bring meat home. Because there is nothing but meat to bring home. Because "our meat rots stinking the sky." Our meat stinks. At the place where motherhood is borne from being the objectless woman of being a wife by force, the child is unhappy. When the child has run away to the rocks behind the house, they notice this just like the rain that was coming down on the earth.

Very simple. It doesn't mean anything to push away the logic of the identicalness toward the intellect. He was him. They were them. First he approached your flesh with a pike. Then he twisted the knife in your skin. First they named your timidity. Then he balanced the scales in your conscience. First he did not say who was in the pictures. Then he said who he did not have. First he hid the reasons in the sky. Then he lowered the laws onto earth. He was everything. He was one. He was love. He was the wound.

Translated by: Merve Ünsal

*This text comprises pieces of the texts that Monica Papi and Ozan Çılgın wrote in the process of composing the script for the work "The Things I Want to Tell You", some of which have been used, some not.

Alev Ersan

Aynadaysa Isırmaz*

Rüyada siyah kürkleri suda zift gibi parlıyordu. Tüm yönlerden okşayan yüz el. Bir çayırı süpüren rüzgâr gibi katlanıyor çim akın eden havanın altında. *Bir yumruk darbesi yerine ağırlıklarımızın gücünü kullanmayı merak ediyordum.*[1] Uzandın mı? Uçurumun kenarında sallanan yüz kuyruk. Tünelde karanlığın tonları, yükseliyor. Oyun mu oynuyoruz hâlâ? Koşmak demek Var Olmak demek. Ayaklarımızın altında derin kuyular.[2] Uzakta bir yığın büyüyor. *Dil olmadan nasıl "yapma" denir?*[3] Gözünü dumandan ayırma. Şişşt! Çıt çıkarma! Hazır mısın Değil misin? Buralardan değiller. *Kamyonet ormana doğru gidiyor onları yol boyu saçarak.*[4] Her gün, bazen geceleri de. Çocuk-Kaçıran'ı hatırlıyor musun?[5] Ama bu seferki şekerlemelerle süslenmemiş. Çok uzun zaman oldu. İzler hâlâ o oyukta, bana inanmıyorsan kendi ağzının içine bak. Amma kar yağmıştı o sıra. Engin hiçlikler ve bahçeler.[6] Yarık daha da yırtılıp derinleşiyor. Akik. Ada kendi etsi kayalarını kemiriyor. En insafsız kışlardan biri. Bir imza daha. Karanlıktan sonra. Alevlerle aydınlanmış. Gün ortasında. Kanayan renkler: Teknenin içinde, teknenin dışında, yüzerken, sağır kulaklarda boğulurken, lodos taşıyor çığlıkları. Gizli saklı çıktılar kayalardan, gök pembeye dönerken. Aniden. Olanları düşündükçe irkiliyorum.[7]

1. Güreşmek üzerine, C.
2. *70TK: Tatavla'dan Kurtuluş'a, Bir Semtin Dönüşümü* [Sergi]. Sözlü tarih ses kayıtları. (2017). Kurtuluş Rum İlkokulu, İstanbul.
3. Kohn, E. (2007). "How Dogs Dream: Amazonian natures and the politics of transspecies engagement." *American Ethnologist*, 34, s. 3-24.
4. Yıldırım, M. (2019). "Hayvan Tecritinin Dışı ve Ötesi: İstanbul'da Sürgün, Yıkım ve Şiddet Coğrafyaları." *beyond.istanbul* 4, s. 87-99.
5. *Chitty Chitty Bang Bang*. (1968). İmge ve şarkıya batmış bu dil.
6. İkiye bakınız.
7. İkiye tekrar bakınız.

**Daimi Devrim*, Gail Scott

If in Mirrors It Does not Bite*

In the dream their black fur shone like tar on water. One hundred hands stroking in all directions. Like wind sweeping through a meadow, grass folds under rushing air. *I was curious about using the force of our weights instead of the impact of a punch.*[1] Are you lying down? A hundred tails wagging on edge. Shades of dark through the tunnel, going up. Are we still playing? Running is Being. Wells deep beneath our feet.[2] A pile builds at a distance. *How to say "don't" without language.*[3] Always on the lookout for smoke. Hush! Not a sound! Ready or Not. They're not from around here. *The van heads for the forest, scattering them along the way.*[4] Everyday and sometimes at nights too. Remember the child-catcher?[5] But this one isn't decked out in candy. It's been such a long time. The traces are still there in the hollow, look into your own mouth if you don't believe me. Heavy snowfall back then. Large patches of nothing and gardens.[6] The fissure tears deeper. Carnelian. The island gnaws at its own flesh-tinted rocks. One of the harshest winters. Just another signature. After dark. Lit by flames. In the middle of the day. Bleeding colours: on board, off board, swimming, drowning on dead ears, the south-westerly bears the howls. Then on the quiet they emerged out of the rocks as the sky turned pink. It happened quite suddenly. I shudder at the thought of it all coming down still.[7]

1. C. on wrestling.
2. *70TK From Tatavla to Kurtuluş, The Transformation of a Neighbourhood [Exhibition].* Oral history voice recordings. (2017).
3. Kohn, E. (2007). "How Dogs Dream: Amazonian Natures and the Politics of Transspecies Engagement." *American Ethnologist*, vol. 34, pp. 3-24.
4. Yıldırım, M. (2019). "Hayvan Tecritinin Dışı ve Ötesi: İstanbul'da Sürgün, Yıkım ve Şiddet Coğrafyaları." *beyond.istanbul* 4, pp. 87-99.
5. *Chitty Chitty Bang Bang*. (1968). This tongue seeped in image and song.
6. See two.
7. Again, see two.

* *Permanent Revolution*, Gail Scot

3 heads

three-legged

50 heads

jackal head

slothful scavenger

a friend, a toy, a dress up doll

pest

devoted attendant

disinterested witness

brightest star in the night sky

guide

tracker

protector of the dead and dying

tail

faithful

in packs

stalker

guard

detector of loneliness + truffles, suspended from forks + crosses

phantom

messenger

caretaker of the dead

manipulate its features

embalmer

a friend, a toy, a dress up doll

a necessary affliction

grave digger, flea bag, dead meat—on skewers

back into the wild

a familiar

assaulted, raped, drowned, left to the elements

soul hunter

nurtured, anti-anxiety, neutered,

the corpse consuming earth

vagabond

scavenger

charmed only by music —not power over but entrance into

glutton

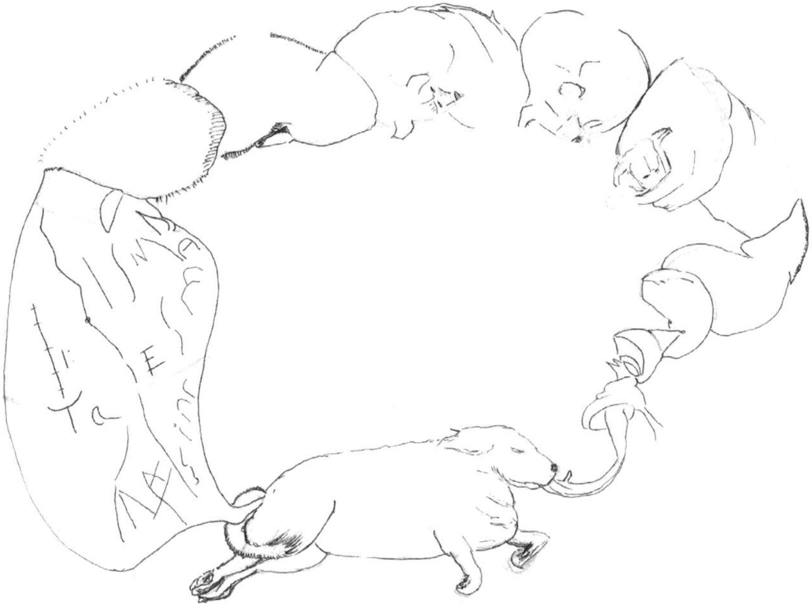

supernatural harbinger of ill tidings

sniffer, servant, best friend, punch bag

pariah

haunter of lonely paths

straunge and terrible wunder

shape-shifter

pyschopomp

tembel leşçil

toprağı tüketen ceset

üç bacaklı

leşçil

3 kafa

50 kafa

bir tek müziğe meftun (mevzu güç kullanmak değil, içeriye girmek)

ruh avcısı

çakal kafalı

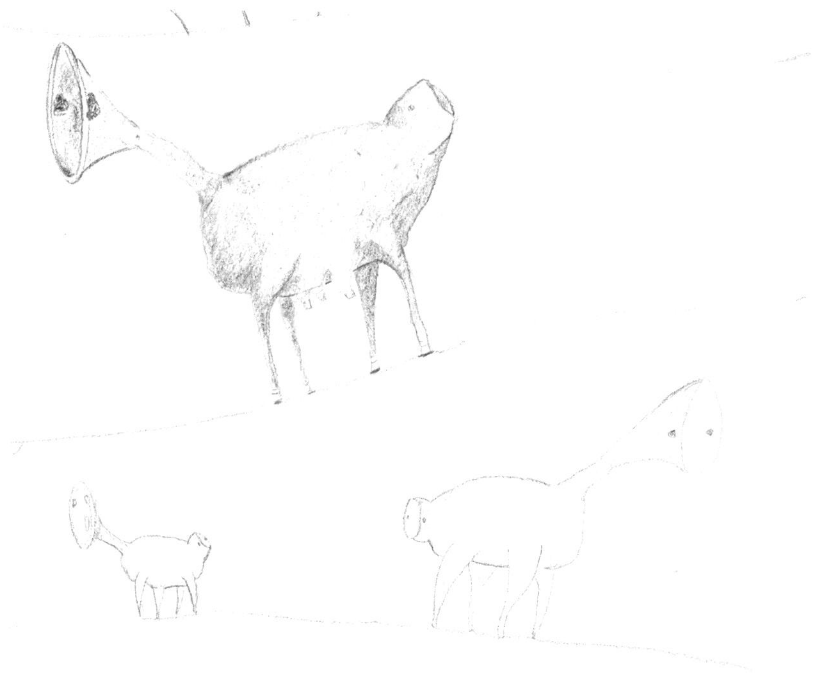

muhafız

elbiseler giydirilen bir bebek

bir hayalet

kuyruk

gerekli bir dert

bir arkadaş

elementlere bırakılmış

hizmetçi

mumyalayıcı

ölülerin bakıcısı

koklayıcı

haşere

kayıtsız bir tanık

takipçi

yabana dönüş

sadık

ölülerin ve can çekişenlerin koruyucusu

parya

rehber

obur

en sıkı dost

beslenmiş

iz sürücü

kısırlaştırılmış

gece göğündeki en parlak yıldız

kuyruk

kum torbası

sürü halinde

mezar kazıcı

şom haberlerin doğaüstü alameti

pire torbası

ölü et – kebap şişlerinde

serseri

elçi

sadık bir katılımcı

bir oyuncak

tecavüze uğramış

yalnızlık ve yermantarı dedektörü

saldırılmış

hatlarını manipüle et

boğulmuş

yalnız patikaların avcısı

kaygı giderici

psikopomp

bir eşlikçi

çataldan ve çarmıhtan sarkıtılmış

şekil değiştiren

tuhaf ve korkunç *wunder*

Gamze Hakverdi

Kırılganlığın Sesi

Bu yazıyı aslında yazmadım. Burada okuduğunuz kelimeler, yazılmak üzere zihnime geldiğinde ya iki yaşındaki oğlumla birlikte çocuk parkındaydım ya da gündelik hayatın başka rutinleri içindeydim. Kelimeler, fikirler ve kavramlar bu yazıya dönüşmek üzere uzunca sayılabilecek bir süre sessizce beklediler. Beklerken çeşit çeşit yeni seslere, imgelere, çok katmanlı şekillere dönüştüler. Bir yazıyı yazabilmek için kelimeleri yerli yerine koymak, bir tartışma başlatmak, kavramsal bir çerçeve sunmak, bir giriş, gelişme ve sonuç yazmak, en önemlisi de bu çabayı okunabilir bir sonuca varmak üzere kayda geçirmek gerekir. Bense bu yazıyı bu şekilde yazmadım; ama düşündüm, unuttum, hatırladım, parça parça fikir kırıntılarını toparlamaya çalıştım, kavramları zihnimde taşıyarak yürüdüm, sessizleşen kelimeleri duymaya çalıştım. Bir yazıya ait kelimeler hemen yerli yerine konulup ifade edilmediklerinde çocuksu bir umursamazlıkla zihninizde yer değiştirip dururlar. Gündelik hayatın sesleri ardına saklanırlar; çatal bıçak seslerine, musluktan akan suyun sesine, trafiğin gürültüsüne, çocuk oyuncaklarının o tahammül edilmesi biraz zor seslerine karışırlar. Plastik bir oyuncaktan gelen sesleri tüm gün dinledikten sonra, kendi zihnindeki sesleri duymak biraz mücadele gerektirir.

Bu yazının henüz yazılmamış sözleri benimle böyle oyunlar oynarken, bir gün, oğlum çocuk parkında düştü ve ağladı. Bu ağlamayla bir anda irkilerek bu yazıda yanıt aramak istediğim soruyu ilk kez net bir şekilde duydum. "Kırılganlığın sesi nasıl duyulur?" Bir özne kendini kırılgan hissettiği bir zaman-mekân içinde, kendi benliğinin derinliklerinde hangi sesleri duyar? Bir patlama? Gıcırtı? Bir çığlık? Bir haykırış? Cam kırılması? Oğlumun ağlayışı henüz tam olarak hâkimi olamadığı bedenindeki acıyı mümkün olan en şeffaf şekilde anlatıyordu. Dünyada var olmanın, bedenli olmanın zaman zaman can yakan deneyimlerinden birini yaşarken, yaşadığı acıyı net bir şekilde dışa vuruyordu bu ses. Bu yüksek sesli ağlayışta, iç sesi ile dış sesi arasında tam ve kesin bir eşitlik vardı. "Sesin en saf hali böyle bir şey olmalı," diye düşündüm. Hiçbir otokontrol sürecinden geçmemiş, bastırılmamış, kısılmamış, susturulmamış, tüm şeffaflığıyla cisimleşmiş bir ağlama sesi... Çocukların bilgeliği!

The Voice of Vulnerability

I didn't actually write this essay. When the words you read here came to my mind as something to be written, I was either at the playground with my two-year-old son or immersed in some other daily routine. Words, thoughts, and ideas waited quietly for quite a long time to become this essay. In the waiting, they became a diversity of new sounds, images, many-layered shapes. To write an essay, you need to put the words in the right place, to propose an argument, present a conceptual framework, write an introduction, a body and conclusion, and most of all to write it down in order to arrive at a coherent conclusion. That was not the way I wrote this essay, though; I reflected, I forgot, I remembered, I tried to gather together the crumbs of fragmentary thoughts, I walked with ideas in my mind, I listened for the words that had fallen silent. When the words of an essay are not put in the right place, not expressed immediately, they keep moving around in your mind with childlike insouciance. They hide behind the sounds of everyday life; they merge with the clatter of cutlery, the splash of running water, the cacophony of traffic, the rather insufferable noise of children's toys. After listening to the noise of a plastic toy all day, it takes a lot of effort to hear the voices in your own mind.

One day, when the words of this yet unwritten essay were playing these games with me, my son fell over on the playground and burst into tears. When he cried, I suddenly started and clearly heard for the very first time the question I wanted to answer in this essay. "What does the voice of vulnerability sound like?" At a time/place where a subject feels vulnerable, what sounds do they hear deep within themselves? A bang? A creak? A scream? A cry? Breaking glass? My son's tears conveyed in the most explicit way possible the pain in his body that he wasn't yet able to control. This voice clearly articulated the pain he felt when going through one of the sometimes painful experiences of existing in the world, that of being bodied. There was a complete and unambiguous equivalence between the inner and outer voice in his noisy tears. I thought, "This is what the voice must be like in its purest form." The sound of a cry unconstrained by self-control, unsuppressed, undiminished, unsilenced, a cry made manifest

Çocuklar bu dünyanın onları özneye dönüştüren ve her zaman çok da neşeli olmayan süreçlerinden geçerken, seslerini bu en saf haliyle ve bilgece kullanırlar. Bakım veren bir yetişkin için tahammül edilmesi çoğu zaman güç olan bu haykırışlar, çığlıklar, ağlamalar, bazen çocuğun bedeninin dışından bir yerden geliyormuş gibi bir his verir. Küçücük bir bedenden gelen bu ses, yetişkinlere kaynağı belirsiz ve tekinsiz bir dış nesne gibi "görünür". Yetişkinlikte, çocukken sahip olduğumuz bu sesle bağımız kopmuştur çünkü. Yetişkinlerin büyük bir bölümü, çoğu zaman herhangi bir bedensel ya da psişik yaralanma karşısında iç seslerine eşit bir dış ses çıkaramazlar. Seslerini kontrol etmeyi, susturmayı, bastırmayı, sansürlemeyi, değiştirmeyi öğrenmişlerdir. Çocukların bilgeliği, henüz bunları bilmeyişten gelir.

Öteki'ne sürekli ve giderilemez bir biçimde açık olan ve bu nedenle kırılgan olan çocuklar, ihtiyaçlarının giderilmesi için sürekli olarak yetişkinlere muhtaçtır. Bu nedenle, onları bu dünya içinde güçlü ve görülür kılan seslerini en saf haliyle kullanırlar. Sözleri değil, sesleri! Her yaralanma anında bir yardım çığlığı ya da bir ifade biçimi olarak sese tutunurlar. Yüksek sesle ağlar, haykırır, çığlıklar atarlar. Kırılganlığın o rahatsız edici sesine sahip çıkarlar çünkü bu ses onları yetişkinlerden ayırır. Kendi dünyalarına aittir. Saf-ses çocukluğun o sözden azade dünyasına aittir. Çocuklar konuşmaya başlamadan önce –Lacan'ın simgesel öznesini hatırlayın– toplumsal bir özne olmalarını sağlayan dilin, dolayısıyla simgesel sistemin henüz bir parçası değildir. Yetişkinlerle aynı ses ve sessizlik kodlarını paylaşmazlar. Kırılganlığın sesini ararken, bir başlangıç noktasıdır çocuklar ve çocukluk... Saf-ses oradadır. Tiz ve kulak tırmalayıcı olduğu kadar, duyguları da harekete geçiren bir tarafı vardır. Çocuk sesine kayıtsız kalamazsınız. Bu ses her zaman bir yanıt talep eder. Yanıt bulana kadar da susmaz, bastırılamaz, durdurulamaz. Çocukların söze dönüşmemiş, saf ve bedeninden bağımsız hareket eden bu sesi, genellikle bir sevgi talebidir. Kucağa alınmak, sevilmek, yatıştırılmak, okşanmak isteyen çocuk, yetişkinden, dağılmadan kendisine yönelmiş dikkat, sevgi dolu bir bakış ve dokunulma talep eder. Dilin öğrenilmesi ve sembolik sisteme girişle birlikte gittikçe azalan bu saf-ses, yerini Söz'e bırakır. Çocuk, kendisini yetişkinliğe doğru götüren çizginin üzerinde yürüdükçe, saf-sesini geride bırakır ve Söz'ü öğrenir? (Kimin Söz'ünü?)

Yetişkinlikte, çocukluğun saf-sesi artık toplumsal olarak kabul görmez ve geride bırakılır. Beden büyümüştür, özneleşme gerçekleşmiştir. Dolayısıyla kamusal alanda atılan çığlıklar, haykırışlar, yüksek sesle ağlamalar ve hatta büyük bir coşku ve sevinç göstergesi olan seslerin bile kısılması, tonunun değiştirilmesi, ehlileştirilmesi, rasyonel ve anlaşılır bir dile çevrilmesi beklenir. Bir iş toplantısında yüksek sesle ağlayan ya da süpermarkette çığlıklar atarak kendini yerlere atan yetişkinlerin, profesyonel yardım alması gerektiğine inanılır. Kırılganlığını ifade etmek in all its transparency... The wisdom of children!

Children use their voices wisely and in this purest form as they navigate the not always happy stages of life that mold them into subjects. These shouts, these screams, these tears are generally hard for a care-giving adult to hear; they give the sense of coming from somewhere outside the child's body. The sound that comes from a tiny body "appears" to adults like a sinister object of unknown origin. For in adulthood, our connection with the voice we own as children is severed. In the face of any physical or psychic wound, most adults are generally unable to produce an outer voice that equates with their inner voice. They have learned to control, silence, suppress, censor, change their voices. The wisdom of children comes from not yet knowing how to do this.

Being permanently, unalterably open to the Other and therefore vulnerable, children need adults all the time to satisfy their needs. Consequently, they use the voices that make them strong and visible in the world, and use them in their purest form. Not words, but voices! Every time they get hurt, they fasten onto the voice as a cry for help or form of expression. They shed noisy tears, they shout, they scream. They lay claim to that disconcerting voice of vulnerability because this voice differentiates them from adults. It belongs to their world. The pure-voice belongs to the world of childhood, a world free of that word. Before they begin to speak, children are not yet a part of language, and thus the symbolic system that makes them a social subject—remember Lacan's symbolic order. They don't share the same codes of voice and silence as adults. Children and childhood are a starting point in the search for the voice of vulnerability... That is where the pure-voice is. As well as being shrill and hard on the ear, the pure-voice has a side that triggers the emotions. You cannot be indifferent to a child's voice. The voice always demands an answer. And it won't fall silent, be subdued, or stop until it finds that answer. Acting independently of the body, this pure, non-verbal child's voice is generally an appeal for love. The child wants to be picked up, loved, soothed, caressed; they demand from the adult undivided attention, a loving look and touch. With the learning of language and introduction to the symbolic system, the pure-voice gradually fades, giving way to the Word. As they walk the line toward adulthood, the child leaves behind their pure-voice and learns the Word (whose Word?).

In adulthood, the pure-voice of childhood becomes socially unacceptable and is left behind. The body has grown, the process of subjectivity taken place through learning language. And so it is expected that screams, shouts, noisy tears uttered in the public arena be hushed, tonally changed, tamed, translated into a rational, intelligible language. The same even goes for sounds signaling great enthusiasm and joy. Adults who shed noisy tears at a business meeting or throw themselves screaming on için Söz yerine saf-sesini kullanan bir yetişkin en iyi ihtimalle gözden uzaklaştırılacaktır. Süpermarkette ya da sokakta yürürken, yüksek sesle, haykırışlarla, çığlıklarla ağlayan bir yetişkini, aynı çocuklara yaptığımız gibi, sarıp sarmalayabilir miyiz? Güvenlik görevlisi, doktor ya da o kişiyi hızlıca alıp götürecek ve gözden uzaklaştıracak bir otoriteyi çağırmayı düşünmeden, yanına koşup, elini tutup, saçını okşayıp, görünmeyen yarasına üfleyebilir miyiz? (Hemen yanıt vermeyin! Bir an düşünün.) Böyle anlar, bu ana şahit olan herkes için irkilme ve duraksama anlarıdır.

Yetişkinlikte dilin öğrenilmesiyle beraber saf-sesin yerini harfler, kelimeler, tonlamalar, yan anlamlar, düz anlamlar, mecazlar, deyimler, vurgular alır. Bir de elbette sessizlik... Sessizlik ilk bakışta saf-sesin kaybı gibi görünse de, aslında saf-sesin uzaklaştırılması olarak düşünülmelidir. Çocukluğun saf-sesi, yetişkinlikte artık duyulamayacak kadar derin bir zihinsel mahzene kapatılır. Yetişkinlikteki kırılmalar, yaralanmalar, aşağılanmalar, küçük düşürülmeler, çoğu kişi için atılamayan bir çığlık, duyulmayan bir hıçkırık, sessiz bir ağlayışa dönüşerek içe çekilir. Bedenin ve zihnin tuttuğu iç kayıtlardaki yerini alsa da, işitilir bir dış ses kaydına dönüşmez. Öznenin kendisini yaralayan bir deneyime verdiği sessiz yanıt, aslında mümkün olan en yüksek sesli yanıtlardan biridir. Çünkü bu yanıta tam söylenecekken vazgeçilen, bir tereddütle geri çekilen, susturulan tüm yanıtlar dahildir; bir de elbette çocukluğun sözden azade saf-sesi... Sesi ehlileştiren her müdahale sessizliğin katlarına dahildir. Çok katlı bir binanın en alt katına iner gibi, yavaş yavaş sessizliğin derinlerine indiğimizde, orada bir yokluk/eksiklik değil, tam tersine, üst üste binmiş ses/söz yığınları buluruz. Çoğu insanın girmekten çekineceği loş ve gürültülü bir bodrum katıdır burası. Kendine ait anarşik bir ekolojisi vardır. Çocukluğun saf-ses kayıtlarıyla yetişkinliğin susturulma deneyimleri birlikte avaz avaz bir gürültü koparırlar. Zihninizde uyumsuz, gürültücü ve kaotik bir kabare canlandırın. İşte sessizliğin en derindeki katmanlarında böyle bir kabare sahnelenir. Yetişkinlerin kırılganlığının sesini duymak için bu sessizliğin en alt katındaki kabareye seyirci olmak gerekir. Buradaki cümbüşlü sahnede, tüm uyumsuz öğeleriyle birlikte tekrar tekrar sahnedeki yerlerini alan sesler, bir izleyiciye kavuşup işitilir hale geldiklerinde, avaz avaz kopardıkları gürültüyü sonlandırırlar. İçgözlem yapan, kendi üzerine düşünen ya da bir terapist koltuğunda oturan öznenin yapmaya çalıştığı şeydir bu. Bu iç kabareye seyirci olmak... Bu müdahale, seyircisini bulan gıcırtılı ve uyumsuz sesleri, uyumlu bir orkestraya dönüştürebilir. Bastırılmış tüm seslerin birer birer sahneye geldiğini hayal edin. Hepsinin anlatacak bir hikâyesi olacaktır. Kendini kendisine anlatan bir hikâye...

Parka geri dönelim! Ama oğlumun düştüğü parka değil, kendi çocukluğumda gittiğim bir parka. O parkta çekilmiş bir fotoğrafa kayıtlı cılız bir saf-ses, kendi içimde sahnelenen kabarenin gönüllü izleyicisi olduğumda, cesurca sahneye çıktı ve kendini gösterdi. İki yaşlarındaki the floor at the supermarket are thought to need professional help. An adult who uses their pure-voice rather than the Word to express their vulnerability will at best be removed from sight. If an adult walks around the supermarket or down the street wailing loudly, can we not envelop them in a hug as we would with a child? Can we not run to their side, hold their hand, stroke their hair, blow on their invisible wound without thinking of summoning a security guard, doctor, or authority who will whisk them out of sight? (Don't answer right away! Think for a moment.) These are moments of consternation and hesitation.

With the acquisition of language in adulthood, the pure-voice is replaced by letters, words, intonation, connotation, denotation, metaphor, idiom, emphasis. And, of course, silence... Although silence seems at first glance like the loss of pure-voice, it should really be thought of as the banishment of the pure-voice. In adulthood, the pure-voice of childhood is locked away in a cognitive dungeon so deep it can no longer be heard. Hurt, wounds, humiliation, belittlement suffered in adulthood are for most people internalized in a stifled scream, an unheard sob, silent tears. Though logged in the internal records kept by body and mind, they do not translate into an audible outer voice. The silent response given by the subject to a wounding experience is actually one of the loudest possible. For it incorporates all responses abandoned just before delivery, tentatively withdrawn or silenced; and, of course, the non-verbal pure-voice of childhood... Every intervention to tame the voice is incorporated in the layers of silence. When we slowly descend to the depths of silence as we would to the lowest level of a high-rise building, what we find there is not something missing, but conversely a mass of voices/words piled on top of each other. This is a dark, noisy basement floor that most people will shy away from entering, a place with its own anarchic ecology. The records of pure-voice from childhood together with adulthood experiences of silencing raise a riotous clamor. Picture a noisy, discordant, chaotic cabaret. This is the sort of cabaret that is staged in the deepest layers of silence. To hear the adult voice of vulnerability, you need to watch the cabaret down on the lowest floor of this silence. In the rollicking setting here, voices take the stage again and again in all their discordance until they find a viewer and become audible, at which point they stop their riotous clamor. This is what the subject seeks to do when introspecting, thinking about themselves, or lying on a therapist's couch. To watch this inner cabaret... This intervention can transform the strident, discordant voices that meet the viewer into a harmonious orchestra. Imagine all of the suppressed voices taking the stage one by one. They will all have a story to tell. A story of itself to itself...

Let's go back to the playground! Not the one where my son fell over, but a playground that I went to in my own childhood. It was here that a photograph was taken recording a feeble pure-voice. When I voluntarily

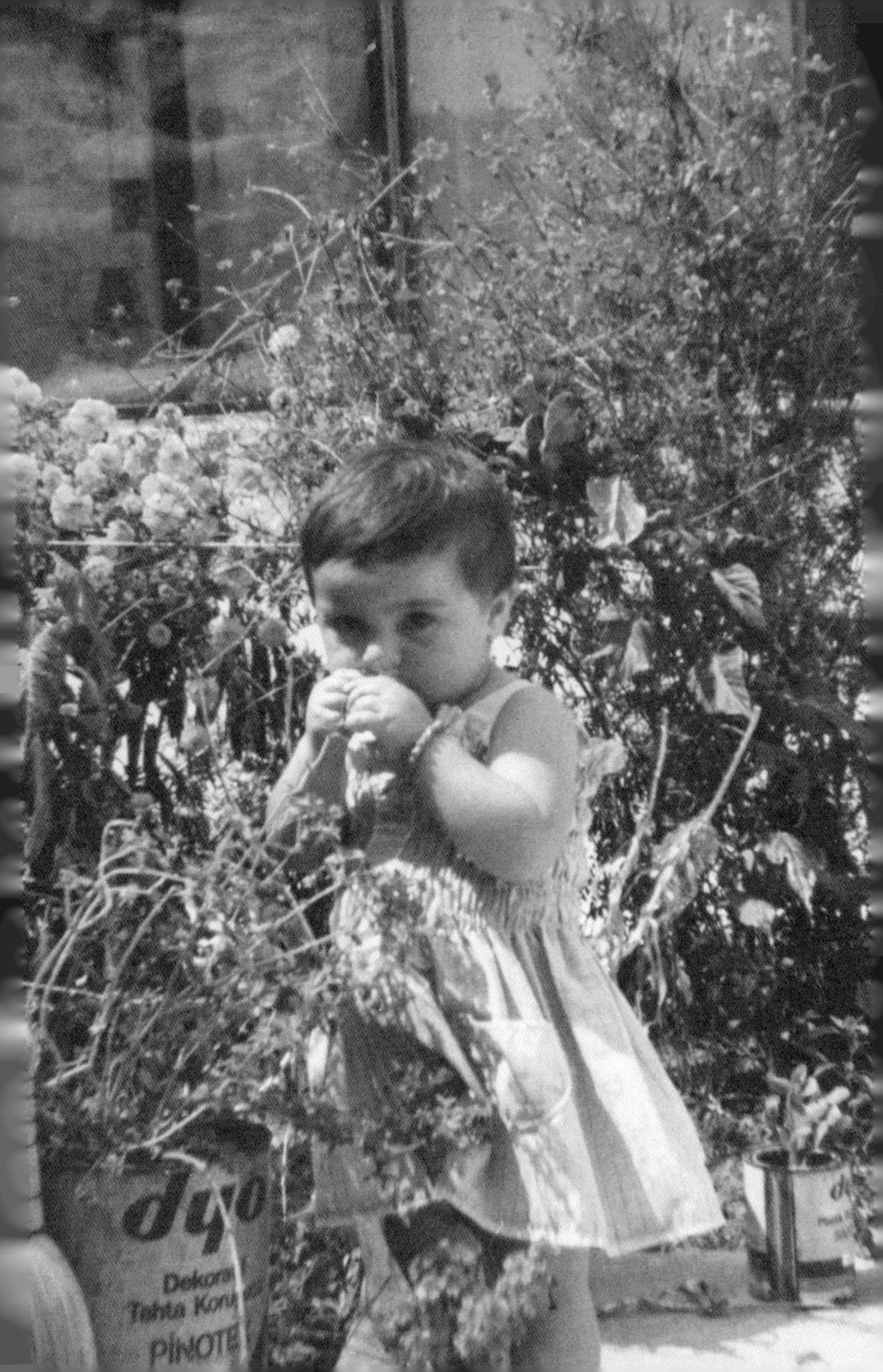
dyo
Dekora
Tahta Kon
PİNOTE

halimin fotoğrafıydı bu. Babamın zihnindeki kız çocuğunun pastoral ve romantik imgesiyle eşitlenmeye çalıştığım küskün ve kırgın bir anın fotoğrafıydı. Babam ısrarla ve biraz da öfkeyle, parktaki çiçekleri koklarken fotoğrafımı çekmek istemişti. Bu isteğe karşı ruhumda beliren isyanı bugün bile hatırlıyorum. Bir başkasının, dünya üzerinde nasıl fotoğraflanacağıma karar vermesine o küçük yaşımda bile öfke duymuştum. O fotoğrafın aslında benim değil, çiçeklerin fotoğrafı olduğunu sezmiştim. Kendisine zorla verilmiş bir görevi yerine getirmesi gereken birinin kırgınlığını bakışlarıma kaydetmiştim. Babam bana bakıyordu, ben de ona... Sonunda babamın zihnindeki o pastoral imgeyle çelişen, neşesiz ve gözleriyle soru soran bir kız çocuğu fotoğrafı çıktı ortaya. "Çiçeklerin yanında ben de varım" demek istemiş ama diyememiş olsa da nesneleşme talebine bakışlarıyla direnmiş bir kız çocuğu... Pastoral ya da romantik değil. Sadece benim fotoğrafım... O fotoğraf çekilirken çıkarılamamış sesi bugün duyabiliyorum. Oğlumun parkta düşüp yaralandığı andaki ağlamasına çok benziyor. Halbuki ben o gün düşmemiştim. Bedenimde hiçbir yara yoktu.

Parktan eve dönme zamanı geldi. Oğlumun elinden tuttum ve onun saf-sesine yer açan bir saygıyla sessizce yürüdüm. Oğlumun düşüşüyle yaralanamazdım. Yaralarını üstlenemezdim. Onun yaraları da sesi gibi kendisine aitti. Sessizce onu kucakladım. İçimdeki kabare de bir anlığına saygıyla susarak, oğlumun saf-sesine alan açtı. Bu sessizlik anında, bir soruyla başladığım bu kısa yazıyı bitiren bir başka soru, zihnimde kendi sesini duyurmayı başardı: "Eğer içimizdeki kabarenin gürültüsünden utanmak ve onu otoriter bir sesle susturmak yerine ona kulak versek, orada sahnelenen çocukluğumuzun saf-seslerini, çığlıkları, yüksek sesle ağlamaları, haykırışları, utanca kapılmadan yeniden öznelliğimizin bir parçası haline getirebilseydik, bu iyileştirici olur muydu?"

watched the cabaret staged within me, this pure-voice took to the stage and showed itself. This was a photograph of me aged two. The photograph of a sullen moment of hurt when I tried to match up to the pastoral, romantic image that my father had of his daughter... My father had insisted a little angrily on taking my photograph as I smelled the flowers in the playground. Even today I remember the tide of rebellion that rose up within me against this request. Even at that tender age, I had felt anger at someone else deciding how I should be photographed in the world. I had sensed that this was not actually a photograph of me, but one of the flowers. I registered in my eyes the hurt of someone having to fulfill a duty imposed upon them. My father was looking at me, and I at him... The outcome was a photograph of a dejected girl with questioning eyes who was at odds with that pastoral image my father had in his mind. A girl who had wanted to—though couldn't—say, "I'm here with the flowers!" but who had nevertheless resisted appeals for objectification with her eyes... It was neither pastoral nor romantic. Just a photograph of me... Today, I can hear the voice that couldn't make itself heard when that photograph was taken. It is a lot like my son's tears when he fell over in the playground and hurt himself. And yet I didn't fall over that day. There were no wounds on my body.

It was time to leave the playground and go home. I took my son by the hand and walked in silence with a respect that made space for his pure-voice. I couldn't have been hurt by my son's fall. I couldn't have taken on his wounds. His wounds, like his voice, belonged to him. I quietly picked him up. For a moment, the cabaret within me fell silent in respect, making space for my son's pure-voice. This short essay began with a question; and in this moment of silence, a second, concluding question managed to make its voice heard in my mind: "If we listened to the cabaret within us instead of being ashamed of its noise and silencing it with an authoritarian voice, if we were able to reintegrate the pure-voices of our childhood, the screams, the noisy tears, the shouts of the cabaret into our subjectivity without giving way to shame, would this be healing?"

Translated by: Lucy Wood

Gordon Hall

Hiçbir Şey Yapmadan Oturulacak Bir Yer

Dünya heykel yapmakta benim olup olabileceğimden çok daha iyi, hem de hiç çaba göstermeden böyle. Sürekli enteresan nesnelerle şeylerin güzel bir şekilde tuhaf kombinasyonlarını karıştırıyor sanki. Sanatın amacının (bir amacı olduğu söylenebilirse tabii) bizi halihazırda etrafımızda bulunan nesne ve imgelerle sağlam ilişkiler kurmaya hazırlamak olduğu düşünülürse, olması gereken de bu. Bununla beraber, buluntu nesnelerin yarattığı heyecan beni bu nesneleri sergilemeye teşvik etmiyor. Hatta durum büyük ölçüde tam tersi – yaptığım hemen her şey bir hammaddeden (ahşap, beton, kumaş, metal, kâğıt) heykele dönüşüyor, çoğunlukla gündelik hayatımda karşılaştığım bu nesneleri çoğaltıyor. Bu buluntu nesneler neredeyse her zaman mobilya oluyor – hayatıma tesadüfen giren, ufakça, el yapımı, nevi şahsına münhasır, işlevsel mobilyalar. Bu çoğaltma işlemini bir nesneye duyulan çekimin, iyileştirici bir görmenin ve yaparak "tanımanın" bir ifadesi gibi görüyorum, hoşlandığınız ya da sevdiğiniz birinin bedenine aşina olma arzusu gibi. Bir şeyi aslına tamamen sadık kalmak suretiyle yeniden üreterek onu samimi ve fiziksel bir şekilde tanıyabiliyorum.

2017'de bir arkadaşımın New Jersey kırsalında yaşayan büyükannesiyle büyükbabasının bahçesinde benzersiz geometride bir beton bankla karşılaştım. Görür görmez büyülendim ve yaptığım diğer replikasyon projelerindekine benzer bir buluntu mobilya olduğunu anlayıp bu bankın bir taklidini yapmaya koyuldum. Bank ve tarihi hakkında daha çok şey öğrendikçe kendini açan bilgi katmanlarıyla bu niyetim çok geçmeden daha karmaşık bir hal aldı. Bu işin sonucunda ortaya çıkan, buluntu bankın iki dökme beton replikasından, bir grup performansından ve ziyaretçilerin yanlarında götürebileceği bir yığın afişten müteşekkil serginin başlığı

A Place to Sit with Nothing to Do

The world is effortlessly better at making sculpture than I could ever be. It seems like it is constantly churning up interesting objects and beautifully weird combinations of things. That's as it should be, in that art's purpose (if it can be said to have a purpose) is to prepare us to have substantive relations with the objects and images already around us. That being said, this excitement about found objects has not moved me to exhibit these objects themselves. It's largely been the opposite—almost everything I make is transformed from some raw material (wood, concrete, fabric, metal, paper) into sculpture, often replicating these objects that I encounter in day-to-day life. These found objects are almost always furniture—smallish, hand-made, one-of-a-kind pieces of functional furniture that come into my life in accidental ways. I think about this process of replication as an expression of an attraction to an object, a sort of recuperative seeing and "getting to know" through making, akin to the desire to become familiar with the body of someone you like or love. By reproducing the design of a thing exactly, I am able to get to know it in an intimate and physical way.

In 2017, I encountered a unique geometric concrete bench in a friend's grandparent's yard in rural New Jersey. Enamored with it, I set out to make a replica of this bench, understanding it to be a piece of found furniture, similar to the other replication projects I had done. This intention was soon complicated by the layers of information that revealed themselves to me as I learned more about the bench and its history. The exhibition that came from this work was titled *The Number of Inches Between Them* and was presented at the MIT List Visual Arts Center in 2018. It consisted of two cast concrete replicas of this found bench, a group performance, and a stack of

Aralarındaki İnçlerin Sayısı'ydı ve 2018'de MIT'nin List Görsel Sanatlar Merkezi'nde sunuldu. Sergideki afişlerin önyüzünde orijinal bankın onunla ilk karşılaştığım gün çektiğim bir fotoğrafı, arka yüzündeyse şu gönderilemez mektup vardı:

2 Nisan 2018

Sevgili Dennis,

Sizi aramaya gelmemiştim. Bankınızı sevmiştim sadece. Onu bir fotoğrafta gördüm ve arkadaşıma bankı görmeye büyükannesiyle büyükbabasının bahçesine gelip gelemeyeceğimi sordum. Çatlak ve yaşlanan bankınız etrafı güz yapraklarıyla çevrili halde çimenlerin kenarına tünemişti. O tarafa yürürken onu daha iyi tanımam gerektiğini anladım hemen. Bütün uzunluklarını ve açılarını ölçtüm, bankı her cephesinden kavramaya, parçaların bütünü oluşturmak için birbirine nasıl oturduğunu anlamaya çalıştım. Bu güzel ve tuhaf dış mekân mobilyasının bir sanatçının elinden çıktığını, onu sizin yaptığınızı sonradan öğrendim. Yaşamınıza ve ölümünüze dair olayları bir araya getirmeye, hâlâ hayatta olup bir şeyler hatırlayabilecek insanlardan öğrenebileceklerimi öğrenmeye çalıştım.

Bank, bildiğiniz gibi, ayakları, oturağı ve sırtı oluşturmak üzere dikey ve yatay olarak birbirine geçen iki buçuk inç kalınlığındaki sekiz kumtaşı panelden oluşuyor. Bankınızı yeniden inşa etmeye karar verdim, hem de iki kez. Her panelden ikişer tane yaptım, bunları stüdyomda beyaz Portland çimentosu ve ekstra ince beyaz kumla beton kalıba aldım. Bazı şekiller bir anlama geliyor – üçgen, kare, paralelkenar – ötekilerse düzensiz ve öngörülemez, hatasız bir şekilde ezberlemesi neredeyse imkânsız. On altı panelimden sekizini en açık pembeden yaptım ve sizin yaptığınız gibi bir bank olacak şekilde bir araya getirdim. Diğer sekiz paneli ayrı ayrı, demonte halde tutup sıra sıra duvarlara dayadım. Sekiz şeklin ağırlığı 20 kiloyla (küçük üçgen) 145 kilo (koltuk) arasında değişiyordu ve bu hesaplı kitaplı sayıların anlamını kavramaya çalıştığımda bunları insanlarla kıyaslarken buldum kendimi – sayıların anonimliği ve özgüllüğü çeşitli ebatlarda çocuk ve yetişkin bedenlerini hatırlattı – 20 kilo, 34 kilo, 35 kilo, 40 kilo, 48 kilo, 94 kilo, 128 kilo, 145 kilo. Bu ebatta bir insanın bedenini taşıyabilir miydim? Sıvı çimentoyu karıştırıp kalıplara döktüğümde sertleşip katıya dönüşmesi üç gün alıyor. Yeni dökülen panelin üstünü örtüyle kapatıyorum ve bir gün sonra stüdyoma döndüğümde sertleşen beton uyuyan bir beden gibi sıcak oluyor, kontrol etmek için örtüyü kaldırdığımda yüzüme ılık ve posters that visitors could take with them. The front side of this poster was a photograph of the original bench on the day I first encountered it, and on the reverse side, this undeliverable letter:

April 2, 2018

Dear Dennis,

I didn't come looking for you, I just loved your bench. I saw it in a photograph and asked my friend if I could come in person to her grandparents' yard to see it. Cracked and aging, your bench sat at the edge of the grass surrounded by fall leaves. As I walked up to it, I knew right away that I needed to get to know it better. I measured every length and angle, trying to understand it from all sides, the ways the parts fit together to make the whole. It wasn't until afterward I learned that this beautiful and strange piece of outdoor furniture was made by an artist, that you had made it. I worked to piece together what I could of the events of your life and your death, trying to find out what I could from the people who are still alive to remember.

As you know, your bench is made of eight brownstone panels, two and a half inches thick, that fit together vertically and horizontally to make its legs, seat, and back. I decided to reconstruct your bench, twice. I made two of each panel, casting them in concrete in my studio with white Portland cement and extra fine white sand. Some of the shapes make sense—a triangle, a square, a parallelogram—while others are irregular and unpredictable, nearly impossible to memorize with accuracy. Of my sixteen panels, I made eight of them the lightest pink, and assembled them together into a bench the way you did. The other eight panels I kept distinct and disassembled, leaning them on the walls in a row. The eight shapes range in weight from 45 pounds (the small triangle) to 320 pounds (the seat), and when trying to apprehend what these calculated numbers mean, I found myself comparing them to people, the anonymity and specificity of these numbers reminding me of the bodies of children and adults of various sizes—45 pounds, 75 pounds, 76 pounds, 90 pounds, 107 pounds, 209 pounds, 282 pounds, 320 pounds. Could I pick up the body of a person of this size? When I mix up the liquid concrete and pour it into the molds, it takes three days for the liquid to cure into a solid. I cover the just-poured panel with a blanket, and when I come back to my studio a day later, the curing concrete is hot like a sleeping body, a puff of warm humid air released into my face when I fold back the blanket to check on it. Another day and a half later, nemli hava esiyor. Bir buçuk gün sonra dokununca soğuk, taş sertliğinde ve ceset ağırlığında. Tamamen sertleşene kadar geçen iki haftada küflü bir koku yayıyor.

45 kiloluk bir kum ya da çimento çuvalını tutup kaldıramam ama yana devirip arabamdan el arabasına kaydırırsam oradan yük asansörüne bindirip zor da olsa stüdyoma kendi başıma götürebiliyorum. Orada çuvalları kesip açıyorum ve içindekileri yarım kilo alan küreklerle karıştırma kovasına atıyorum, suyla karıştırıyor ve sonra yüzlerce kiloluk sıvı betonu önceden hazırladığım yağlanmış ahşap kalıplara yarım galon yarım galon boşaltıyorum. Beton katılaştı mı işin her aşamasında yardıma ihtiyacım oluyor. Kendi başıma sadece en küçük paneli, üçgeni taşıyabiliyorum; diğerlerini kaldırırken ve kalıplardan çıkarırken, yanlarını zımparalamak için döndürürken, sararken, hareket ettirirken, sonra tekrar açarken yardıma ihtiyacım oldu hep. Bir arkadaşım panellerden birini kaldırmama yardım ederken haykırdı – "Bu hem çok ağır, hem de aşırı narin!" Bankın bir araya getirilmesi için yedi kişilik bir ekip gerekiyor, üçü 145 kiloluk oturağı ayakların üstüne yerleştirirken diğer üçü aynı anda alttaki gedikleri hizalamak için doğru noktalara kayıyor ve tüm parçaların kullanılabilir bir mobilya olmak üzere birbirine oturmasını sağlıyor. Bu insanların hem beton panelleri kaldırabilecek kadar güçlü olması, hem de, montajın üstesinden gelmek için, kolektif bir bünye olarak birlikte çalışması gerekiyor. Bu işte bana kaç kişi yardım etti, hesabın ucunu kaçırdım artık. Birçoğuna kaldırma ve taşıma yardımı için ücret ödendi, diğerleriyse karşılıksız sundu yardımını – dostlarım, erkek arkadaşım, aile üyeleri.

Bana ufak tefek olduğunuz söylendi – gerçi benden uzunmuşsunuz, muhtemelen daha güçlü, daha dayanıklı. Size kim yardım etti bankınızı yaparken? Keşke bankı nasıl tasarladığınızı, önce hangi şekli çizdiğinizi, parçaları birbirine geçirme işini nasıl çözdüğünüzü sorabilseydim size. Orijinal evraklar kayıp, görünüşe göre bankı hangi yılda yaptığınızı asla kesin olarak bilemeyeceğim, ama 1983 yılı olması muhtemel, benim doğduğum yıl, sizin doğumunuzdansa 34 yıl sonra – ikimiz de Massachusetts'te doğmuşuz, üç beş kilometre mesafede. Eğer bankı o yıl yaptıysanız, yaptığınız sırada şu an benim olduğum yaştaydınız ve, o sırada bunu bilmenizin bir yolu olmasa da, sadece altı yıl daha yaşayacaktınız. Hastalığınıza teşhis konmasına hâlâ birkaç sene vardı ve konduğu zaman bile ne olduğu anlaşılmamıştı. Şimdi arkadaki uzun dikey panele yaslanan kare panel en başta koyduğunuz yerde miydi, yoksa başka bir yerdeydi de kırıldı ve önce geçici, sonra kalıcı olarak oraya mı yaslandı bilemiyorum. Tasarımı bulduğum haliyle yeniden ürettim. Keşke doğru yapıp yapmadığımı size sorabilseydim.

it is cold to the touch, rock hard, and a dead weight. It lets off a musty odor for another two weeks as it fully hardens.

I can't deadlift a 100-pound bag of sand or cement, but if I slide it one side at a time out of my car and onto a cart, I can get it into the freight elevator and up to my studio on my own, just barely. I slice the bags open and scoop the materials out into the mixing bucket a pound at a time, mixing in the water and then decanting the hundreds of pounds of liquid concrete a 2-quart bucket at a time into the lubed-up wood mold I've prepared. Once the concrete is solid, I need help with every aspect of making this work. I can lift only the smallest panel, the triangle, on my own; I have needed help getting all the others up and out of their molds, turning them over to sand the edges on the other sides, wrapping them, moving them, unwrapping them again. A friend of mine exclaimed to me while helping me lift one, "This is both very heavy and extremely fragile!" The bench cannot be assembled without a team of seven people, three of whom lay the 320-pound seat down onto the legs that the other three simultaneously shift into precisely the right locations to align the notches on its underside, allowing it all to snap together into a useable piece of furniture. These people not only need to be strong enough to lift the concrete panels, but also need to work together as a collective body to negotiate the task of assembling it. I've lost count of how many people helped me make this work. Many of them were paid for their help lifting and moving, while others offered their assistance freely—friends, my boyfriend, members of my family.

I'm told that you were small—taller than me, though, and probably stronger, wiry. Who helped you with your bench? I wish I could ask you how you designed it, which shape you drew first and how you figured out how to fit them all together. The original paperwork is gone, and it is seeming like I will never know the exact year you made it, although it is not unlikely that it was 1983, the same year I was born, 34 years after you were, both in Massachusetts, just miles apart. If this was the year you made your bench, that would mean that you were the same age I am now, and that you had only six more years to live, although you would have no way of knowing that at the time. You didn't even have your diagnosis for another couple of years, and even then it was not understood what was happening. I can't tell if the square panel that is now leaning on the long vertical panel in the back is where you originally had it, or if it was somewhere else and broke off and was leaned there temporarily, and eventually permanently. I have reproduced the design as I found it. I wish I could ask you if I have it right.

Bankınız bittiğinde ona bakıp benim hissettiğim gibi hissettiniz mi? Parçalar birbirine geçtiğinde ve birbirini desteklediğinde, güzel olduğunu düşündünüz mü? Tatmin oldunuz mu? Parçaların birbirine oturuşunu bütün bedenimde hissediyorum ben. Noguchi Müzesi'ne gittiğim ve iç içe geçen taş parçalardaki cinselliğin üstüme üstüme geldiği, soyut bir heykele bakarken o kadar uyarılmama şaşırdığım zamanı hatırlatıyor bana. Başka insanların da bunu hissedip hissetmediğini merak ediyorum. Siz de oturdunuz mu bankınıza? Üzerine uzanıp kollarınızla bacaklarınızı iki yandan sarkıttınız mı? Ben bedenimle bankın tüm yüzeylerine dokunduğum, herkes izlerken çeşitli pozlarda bankın üstüne ve etrafına serildiğim bir dans tasarladım.

Bütün panelleri tek tek sıra halinde duvara dayarsanız henüz keşfedilmemiş bir alfabe gibi göründüğünü biliyor muydunuz? Okumaya çalışasın geliyor, ama harfleri çıkaramıyorsun. A'nın üçgen olması gibi, ama o noktadan sonra işler daha karmaşık bir hal alıyor. Siz bu şekilde dizdiniz mi onları hiç acaba, mesela taşınmayı beklerlerken. 550 kiloluk soyut karakterler, uzak bir geleceğe yazılmış, ya da geçmiş bir zamana.

(Bazen marazi bir edayla arkadaşlarıma sırf ölümüm sevenlerimin başına azami bela olsun diye heykeltıraş olduğumu söyleyerek takılıyorum. Ne yapacaklar o zaman onca ağır nesneyle?)

Lafı dolandırmayacağım – sizden çok az şey kalmış geriye. Eserlerinizin birkaç imgesi, bir iki gazete kupürü, bir dış mekân heykeli daha, bir de bana, ellerinden geldiğince, sizi anlatan arkadaşlarınızın anıları. Soramadığım bazı sorular oldu. Kız kardeşinizi bulmaya çalışmamamı tavsiye ettiler. Pek çok insan bunu atlatamadı, tahminimce sizin tanıdığınız pek çok diğer insan da atlatamadı, onları arayıp sizi soramıyorum bu yüzden. Son günlerinizi hangi odada geçirdiniz? Hangi mobilya taşıdı bedeninizi? Başkalarına o kadar bel bağlamak zorunda olmak nasıl hissettirdi?

Umarım bu mektup size ulaşır. Bankınız bana tam ihtiyacım olan zamanda geldi, onu yeniden inşa etmemin mahzuru olmamıştır umarım. Onu tanımak, sizi tanımak ve bütün parçaların bir araya gelişi benim için çok güzeldi.

Saygılarımla,
Gordon

Bu bank anonim bir mobilya değil; Dennis Croteau adlı pek tanınmayan bir sanatçının 1980'lerin başlarında, AIDS'e bağlı komplikasyonlar sebebiyle 1989'da ölmeden önce yaptığı bir sanat eseriydi. Dolayısıyla tuhaf ve

When your bench was finished, did you look at it and feel how I feel? When the parts slid into each other and held each other up, did you think it was beautiful? Satisfying? The way it fits together, I feel it in my whole body. It reminds me of the time I went to the Noguchi Museum and felt overwhelmed by the sexuality of the interlocking stone pieces, confused at getting so aroused from looking at abstract sculpture. Wondering if other people feel this too. Did you sit down on your bench? Did you lie on it and let your arms and legs hang down off the sides? I have devised a dance in which I touch every surface of it with my body, draping myself over and around it in one pose after another while everybody watches.

Did you know that if you lean all the panels individually against the wall in a row, they look like an as-yet-unknown alphabet? Like something to try to read, but you can't make out the letters. The way an A is a triangle, but getting more complicated from there. I wonder if you ever had them arranged that way, when they were waiting to be moved perhaps. Twelve hundred pounds of abstract characters, written to a distant future or past time.

(I've sometimes morbidly joked to friends that I became a sculptor in order to make my eventual death a maximum pain in the ass for everyone who cares about me. What to do with all these heavy objects?)

I'll be direct—there is very little left of you. There are a few images of your works, a couple of press clippings, one other outdoor sculpture, and the memories of your friends, who told me what they could about you as best they could. There were some questions I couldn't ask. They advised me not to try to find your sister. So many people didn't live through it, I can guess that many other people you knew also didn't make it, and I can't call them up to ask about you. What room did you spend your last days in? What furniture held your body? How did it feel to be so reliant?

I hope this letter reaches you. Your bench came to me just when I needed it, and I really hope you are all right with my reconstructions of it. I have loved getting to know it, and you, and the way all the parts fit together.

Yours truly,
Gordon

This bench was not an anonymous piece of furniture at all, but an artwork made by a largely unknown artist named Dennis Croteau sometime in the

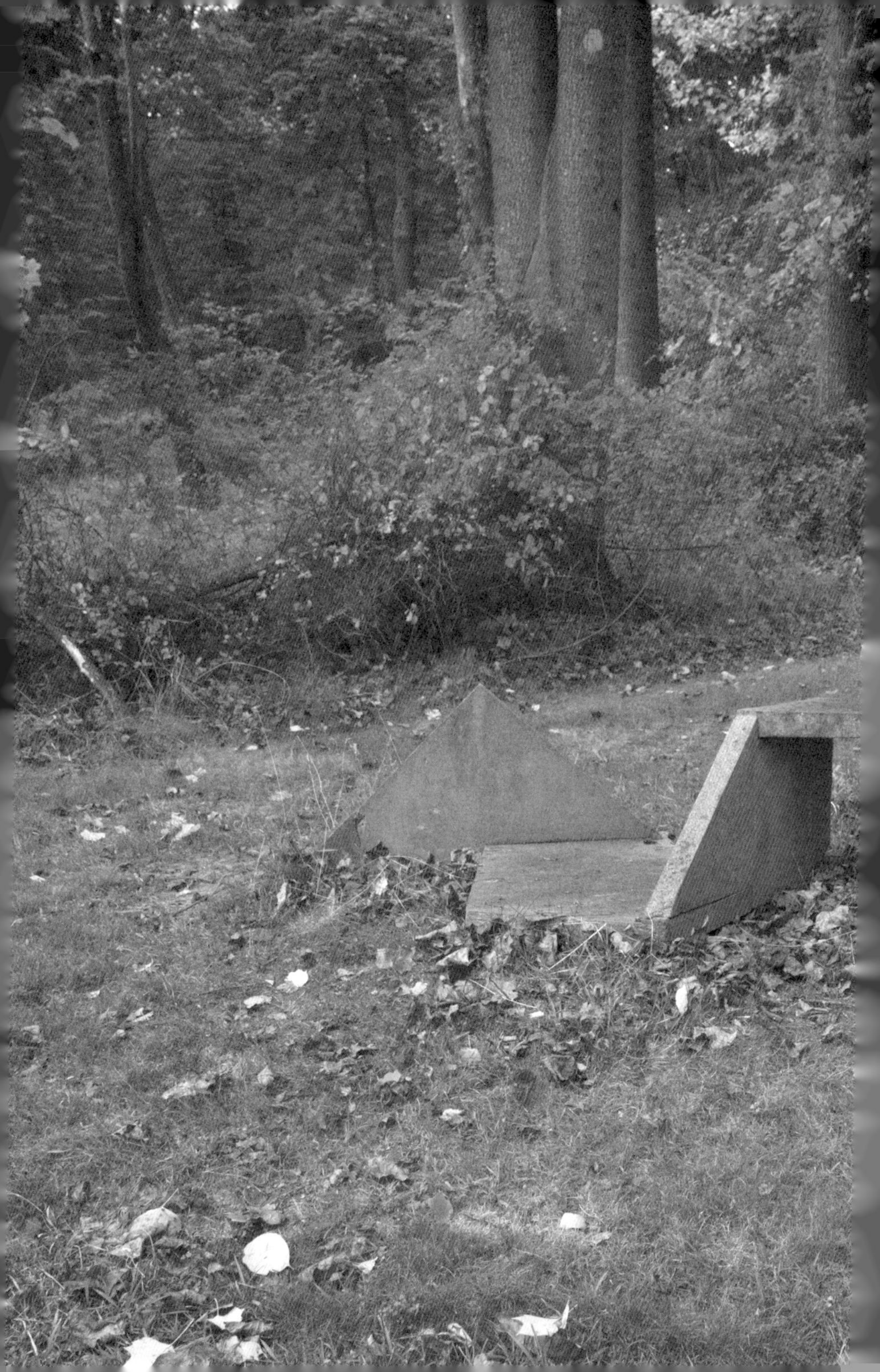

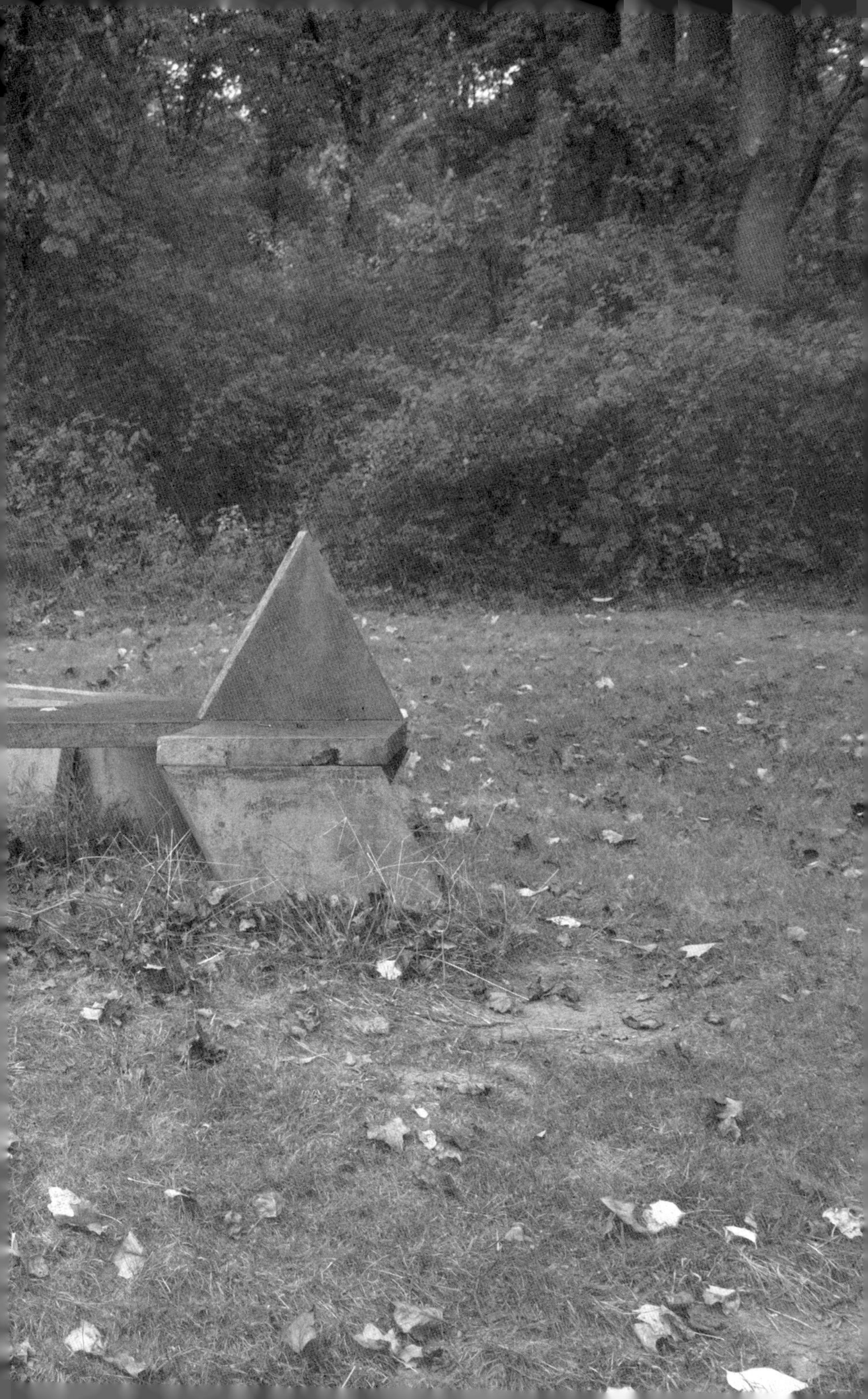

esrarengiz nesneyi daha yakından tanımaya yönelik bir yolculuk olarak başlayan bu proje, arkadaşları üzerinden ve benim yaptığım araştırmalarla, Dennis'in hayatı hakkında daha çok şey öğrenmeye de yöneldi. Dennis pek çoğu sanatçı olan, AIDS krizinde kaybedilen ve büyük ölçüde unutulan binlerce insandan biriydi.

Bu projeyi ABD'de Trump hükümetinin seçildiği 2016 yılını izleyen birkaç yılda geliştirdim. Pek çok sanatçının çalışmayı çok zor bulduğu bir dönemdi bu, stüdyoda vakit geçirmeyi etik açıdan meşrulaştıramıyorlardı. Bana göre durum böyle değildi; bu pandemi krizinde de olduğu gibi, keder ve belirsizlik benim işime en uygun bağlam gibi geliyordu. Trump yönetiminin ilk yılı boyunca, ben *Aralarındaki İnçlerin Sayısı* üzerinde çalışırken, meclis Obamacare olarak da bilinen, ABD'de yürürlüğe konan en ilerici sağlık sigortası programı, Hesaplı Sağlık Hizmetleri Yasası'nı kaldırmaya çalışıyordu. Siyasetçilerin "Eğer hasta olursanız, sağlık sigortasına ihtiyaç duyarsınız..." diyip durduğunu duyuyordum. "Eğer" kelimesi kulağımda çınlıyordu. "Hasta olduğunuz zaman" değil, "hasta olursanız" demeleri, hastalık ve sakatlığın bütün hayatların gerçeği olmadığını, istisnai olduğunu öne sürüyordu. O sıralar halihazırda, birbirimize destek olmak için, birbirimize karşı fiziksel, sembolik ve toplumsal açıdan ne tür sorumluluklarımız olduğuyla ilgili sorular soruyordum kendime. Dennis'in bankıyla kurduğum samimiyet, fiziksel bir destek nesnesi yaparken destek üzerine düşünmeme vesile oldu. Nesnenin ağırlığı, o beton parçalar, kendi yaralanabilirliğimin ve başkalarının desteğine duyduğum ihtiyacın cisimleşmiş bir pratiğine dönüşüp mektubun eseri gerçekleştirmek için ne kadar çok fiziksel yardıma muhtaç olduğumu anlattığım kısımlarında dile geldi. Çok fazla mücadele etsem de, bu heykeli yapmak beni başkaları için örneklemeye çalıştığımı sandığım yaralanabilirlik ve karşılıklı bağımlılık hissiyle başa çıkmaya zorlayıp benim (bilinçli bir şekilde inkâr ettiğim) kendimi bağımsız ve özerkmiş gibi hayal etme merakıma meydan okudu.

2021'de *Aralarındaki İnçlerin Sayısı*'ndan yeni bir heykel çıktı: Bu projenin Maine'deki büyük ve açık bir depoda gerçekleşen önsunumunda, Dennis'in bankını yeniden yaratımımı düz olmayan bir zemine koymak için sipariş üzerine özel olarak imal edilen ahşap takozun dökme pirinç bir kopyası. *Takoz* (*Aralarındaki İnçlerin Sayısı*) bu projeyi yine bir replikasyon sürecinde, ahşapla başlayıp pirinçle biten bir faz değişiminden geçtiğini düşünmekten hoşlandığım bir şekilde, yeni bir esere taşıdı. *Senin de Yaran, Rosa* sergisine katkım niteliğindeki *BENİ AŞAĞI KALDIR* da *Aralarındaki İnçlerin Sayısı*'nın devamı. Çoğaltılacak materyal olarak sergi alanının mimarisini kullandım bu kez.

Kurtuluş Rum İlkokulu'nun konferans salonunun kuzey tarafında bir sahne var, on iki kemerli pencere de siyah, beyaz ve gri mozaik zeminin üzerinde odayı çevreliyor. Binada bu odayı seçtiğimde henüz bununla ne early 1980s, before his death from complications related to AIDS in 1989. And so this project that started out as a journey to intimately get to know this strange and enigmatic object also became one of learning about the life of Dennis, through his friends and the research I did about him. Dennis was one of the thousands of people, so many of whom were artists, who were lost to the AIDS crisis and whose lives have been mostly forgotten.

I developed this project over a couple of years following the 2016 election of the Trump administration in the US. Many artists found this time to be a very difficult one to work in, as they were unable to ethically justify spending time in the studio. For me, that was not the case, and it has been the same during this crisis of the pandemic, in which grief and uncertainty have felt like the exact context for which my work is best suited. During the first year of the Trump administration, while I was working on *The Number of Inches Between Them*, Congress was attempting to repeal the Affordable Care Act, also known as Obamacare, the most progressive program of health insurance ever enacted in the US. I kept hearing politicians say, "*If* you get sick, you'll need health insurance..." This word *if* rang in my ears...*if* and not *when*, a suggestion that illness and disability were exceptions and not facts of all lives. I was already asking myself questions about what kinds of responsibilities we have to each other, physically, symbolically, and societally, in terms of supporting each other. The intimacy I established with Dennis's bench became a way of reflecting on support while physically making an object of support. And the heaviness of the object, the concrete pieces, became an embodied practice of my own vulnerability and need for support from others, articulated in the letter in my descriptions of relying on so much physical help to realize the work. Despite much struggle with it, making this sculpture forced me to contend with the sense of vulnerability and interdependence that I thought I was trying to illustrate for others, challenging my (consciously disavowed) attachment to imagining myself as independent and autonomous.

In 2021, a new sculpture emerged from *The Number of Inches Between Them*: a cast brass shim that reproduces the uniquely shaped custom-made wooden shim fabricated specifically to install my recreation of Dennis's bench on an uneven floor in a preliminary presentation of this project that took place in a large open warehouse in Maine. *Shim (The Number of Inches Between Them)* carried this project forward into a new body of work in yet another process of replication, undergoing what I like to think of as a phase-change, starting in wood and finishing in brass. *STAND ME DOWN,* my contribution to *Also Your Wound, Rosa,* is also a continuation of *The Number of Inches Between Them.* In this case, I used the architecture of the exhibition space itself as the material to be replicated.

The auditorium of the Kurtuluş Greek Primary School has a stage on its north side, while twelve arched windows circle the room, casting light yapacağımı bilmiyordum. Mekânın karmaşıklığı beni çekmişti işte: Hem benzersiz mimari unsurları ve yaptığım heykellerin genellikle sergilendiği geleneksel beyaz küp alanlardan ayrımı itibarıyla fiziksel açıdan, hem de, gerek içinde bir araya getirilen çocukların bedenlerini eğitmek ve kontrol etmek üzere tasarlanmış kurumsal bir alan, gerekse bir toplanma ve performans alanı olması itibarıyla sembolik açıdan. Sandalyelerden ve bedenlerden yoksun alanın güçlü kimliği bana oraya bir galeri muamelesi yapamayacağımı, mekânın kendisinde olmayan formlarla iletişim içindeki heykelleri oraya götüremeyeceğimi belli etmişti. Bunu anlamakta, ihtiyaç duyduğum her şeyin orada, o odada olduğuna karar vermekte rahatlatıcı bir şey vardı. Konferans salonunun dikey mimari unsurlarını işlevsel bir mobilya görevi gören yatay formlara dönüştürmeye karar verdim. Işığın pencerelerden geçip yerle buluştuğunda kayalara dönüştüğünü hayal edip duruyordum. Sahne açıklığının boyalı hatlarını ve pencere açıklıklarından ikisinin şeklini yalıtıp bunların heykellerin formlarını belirlemesine izin verdim. Birbirinin eşi olmayan sekiz segmente böldüğüm pencere şekilleri daha sonra bank işlevi görecek alçak ve dar kirişler şeklinde beton kalıbını aldı. *Aralarındaki İnçlerin Sayısı*'nın izleyicilerini demonte edilen bankın farklı parçalarını zihinlerinde bir araya getirip birleşmiş bir bütüne dönüştürmeye davet etmesi gibi, *BENİ AŞAĞI KALDIR* da izleyicisinden maddi olmayan dikey hatlardan geometrik beton platformlara dönüşen bu pencere ve sahne açıklıklarını tanıyıp zihninde monte etmesini istiyor. İki projede de, banklar ve kenar taşları gibi, bir yandan inşa edilmiş dünyayla temas ettiğimizde bedenlerimiz için fiziksel destek anları sunarken, bir yandan da bizi birbirimizle (tekabül ettiği tuhaf samimiyetler, beklenmedik erotizm ve potansiyel şiddetle) bir yakınlığa koyan dış mekânlardaki kamusal oturaklara odaklanıyorum. Bu nesnelerin değiştirilmiş versiyonlarını iç mekânlarda yeniden yaratarak, onları çeşitli yaralanabilirlik hallerinde bedenlerimizle ilişkilenen kent manzaralarının demirbaşı vasfıyla ve katmanlı anlam ve önemlerini gözler önüne serecek şekilde yeni bir bağlama yerleştirebiliyorum.

BENİ AŞAĞI KALDIR'ın beton heykelleri halkın oturabileceği yerler, aynı zamanda haber verilmeyen rasgele zamanlarda gerçekleşen kısa performans alanları işlevi görüyor. *Aralarındaki İnçlerin Sayısı*'ndaki bankın üstünde ve etrafında belli bir tarih ve saatte gerçekleşen performanstan farklı olarak, bu performanslar o sırada tesadüfen orada olan insanlardan ibaret küçük bir izleyici topluluğuna yönelik. Bu performanslar karmaşık bir koreografiden performansa hiç benzemeyen gündelik aksiyonlara (ya da gayriaksiyonlara) varan bir yelpazeye yayılıyor. Alandaki ziyaretçiler ya kendilerini birden o sırada gerçekleşen performanslarla bir arada bulacaklar, yahut da mekânı paylaşan bedenlerin hangilerinin esere dahil olduğunu çözemeyebilecekler. Bu esere onun bir parçası olmadan bakabileceğiniz tek yer, böyle bir mekânda dikkatimizi yöneltmeyi over its black, white, and grey mosaic floor. I chose this room in the building before I knew what I would make for it. I simply was drawn to the complexity of the space: physically in terms of its unique architectural elements and distinction from the conventional white-cube spaces I often make sculpture for, but also symbolically as a space for gathering and performing as well as an institutional space designed to instruct and control the bodies of the children assembled within. Even absent of chairs and bodies, the strong identity of the space itself made clear to me that I could not treat it like a gallery, bringing in sculptures that were in conversation with forms not present in the space itself. There was something relieving about this realization, about deciding that everything I needed was right there in the room itself. I decided to transform the vertical architectural elements of the auditorium into horizontal forms that operate as functional furniture. I kept imagining light passing through the windows and, upon meeting the floor, transforming into rocks. I isolated the painted outline of the opening of the stage and the shape of two of the window openings, allowing them to dictate the forms of the sculptures. I divided the window shapes into eight unique segments that were then cast into solid concrete as low and narrow beams that function as benches. Just as *The Number of Inches Between Them* invited its viewers to mentally reassemble the disparate pieces of the disassembled bench back into its unified whole, *STAND ME DOWN* asks its audience to recognize and reassemble these window and stage openings that have transformed from immaterial vertical outlines to geometric concrete platforms. In both projects, I am focused on outdoor public seating such as benches and curbs that offer moments of physical support for our bodies as we come into contact with the built world, while also putting us into proximity with one another (with all the corresponding strange intimacies, unexpected erotics, and potential violences). In recreating altered versions of these objects indoors, I am able to recontextualize them in a way that unfurls their layered significance as fixtures of urban landscapes that engage with our bodies in various states of vulnerability.

The concrete sculptures of *STAND ME DOWN* are places where the public can sit, while simultaneously functioning as the site of short performances that take place at random, unannounced times. Unlike the performance that took place at a fixed date and time on and around the bench in *The Number of Inches Between Them,* these performances are meant for the small audiences of people who just happen to be present when they occur. These performances range from complex choreography to everyday actions (or non-actions) that may not seem like performances at all. Visitors to the space will find themselves coexisting with performances suddenly underway, or will not necessarily be able to decipher which bodies sharing the space are part of the work itself. The only place from which to view this öğrendiğimizin tersi bir şekilde salona baktıran sahnenin ta kendisi. Çoğunlukla çağdaş sanat bağlamlarında bir performansla yaratılıp kalabalıkları çeken gösteriler benim çalışmalarımın etik ve politiğiyle pek örtüşmüyor; ben de hareket eden bedenlere dönük bu tersine çevrilmiş, sessiz, yavaş ve tesadüfi tanıklığı sanat eserlerinin, performansçıların ve izleyicilerin kesişimi için alternatif bir metot mahiyetiyle sunuyorum.

Bir sergi üzerinde çalışırken, içinde olması nasıl bir alan olacağını düşünmeye çalışıyorum. Gösterileri zaman geçirecek bir mekân gibi düşünüyorum ve gelen insanlara ne tür bir zaman sunmak istediğimi soruyorum kendime. Sunduğum alanlarda başka muhtelif alanlardan kesitler var: Halka açık yüzme havuzları, bir araba tamircisinin bekleme odası, bir gece kulübü, kilise ya da tapınak, güzel manzaralı bir yamaç. Sanırım bütün bunların unsurlarını birleştiriyorum: Havuzun uyuşuk röntgenciliği, bekleme odasında askıya alınan bulanık zaman, gece kulübünün cisimleşmiş (ve daha az uyuşuk) homososyal alanı, dini alanların aşırı nesne yönelimli özgüllüğü ve yamaç manzarasının engin içebakışı. Bu yerlerin hepsinin ortak özelliği ne düşüneceğimizi ya da ne hissedeceğimizi söylemeden bizi düşünmeye ve hissetmeye davet eden alanlarda bütün bedenlerimizle başka bedenlerle kurduğumuz sessiz sakin eş-buradalık. Dahası bu alanlarda gerçekleşen faaliyetler, bir bakıma, ya işe yaramazlar ya da konvansiyonel biçimlerde açıklaması zor amaçlar doğrultusunda işe yararlar. Sergiye gelenlere sunduğum da bu istisnai işe yarar işe yaramazlık: Hiçbir şey yapmadan oturulacak bir yer.

work without being part of it is from the auditorium's stage itself, looking down into the room in a reversal of the prescribed direction of our attention in such a space. The crowd-attracting spectacles that are often created by performance in contemporary art contexts are not a good match for the ethics and politics of my work, and I offer this reversed, quiet, slow, accidental witnessing of moving bodies as an alternative method for the confluence of artworks, performers, and audiences.

When I am working on an exhibition, I try to think about what kind of space it will be to *be in*. I think about shows as a place to spend time, and I ask myself what kind of time I want to offer the people who come. The spaces I offer have slices of a variety of others: a public pool, an auto mechanic's waiting room, a night club, a church or temple, and a hillside with a good view. I suppose I am combining elements of all these: the languid voyeurism of the pool; the suspended, blurred time of the waiting room; the embodied homosocial (and less-linguistic) space of the night club; the extreme object-oriented specificity of the religious site, and the expansive introspection of the hillside view. Common to all these places is a quiet co-presence with others with our whole bodies in spaces that invite us to think and feel without telling us what to think and feel. Moreover, the activities that take place in these spaces are, in a sense, useless, or useful only for purposes that are themselves hard to account for in conventional ways. It is this particular useful uselessness that I offer those who come to the exhibition: a place to sit with nothing to do.

Johanna Hedva

Hasta Kadın Teorisi

Johanna Hedva tarafından
1 Nisan 2022'de yayımlanmıştır.

1.
2014'ün sonlarına doğru, beni her seferinde günler, haftalar ya da aylar boyunca yürüyemeyecek, araba süremeyecek, işimi yapamayacak, bazen konuşamayacak ya da konuşulan dili anlayamayacak, yardım olmadan banyo yapamayacak ve yataktan çıkamayacak hale getiren kronik bir sebepten dolayı hastaydım. Bu seferki alevlenme, eğer becerebilseydim aralıksız katılacağım *Black Lives Matter* [Siyah Yaşamları Değerlidir] protestolarıyla aynı zamana denk gelmişti. O sıralar Los Angeles'ta, MacArthur Parkı'nın bir blok ötesinde oturuyordum, çoğunlukla Latinlerin yaşadığı ve halk arasında pek çok göçmenin Amerikan hayatına başladığı yer olarak bilinen bir bölgede. Haliyle park da şehirde protesto yapılan en aktif yerlerden biri.

Yürüyüşlerin penceremden yukarı tırmanan seslerini dinledim. Yatağa yapışmış halde, hasta kadın yumruğumu göğe kaldırdım, dayanışmayla.

Dayanışma kaygan bir şey, izole halde onu duyumsamak zor. Yatakta, ağrılar içinde, eve kapanmış yalnız biri olarak katılabileceğim dayanışma biçimlerini düşünmeye başladım. Hasta ve engelli insanların hangi protesto biçimlerini göze alabileceğini düşünmeye başladım.

Protestoya katılmayan diğer bir sürü kişiyi düşündüm, oraya erişmesi bir sebepten mümkün olmayan, diğer bütün görünmez bedenleri,

Sick Woman Theory

Sick Woman Theory was published in English in Topical Cream at this link.
https://www.topicalcream.org/features/sick-woman-theory/
An earlier version appeared in 2016 in Mask Magazine.

Published April 1st, 2022
By Johanna Hedva

1.

In late 2014, I was sick with a chronic condition that can get bad enough to render me, for anywhere from days to weeks to months at a time, unable to walk, drive, do my job, sometimes speak or understand language, take a bath without assistance, and leave the bed. This particular flare in 2014 coincided with the Black Lives Matter protests, which I would have attended unremittingly, had I been able to. At the time, I lived one block away from MacArthur Park in Los Angeles, a predominantly Latinx neighborhood and one colloquially understood to be the place where many immigrants begin their American lives. The park is, not surprisingly, one of the most active places of protest in the city.

I listened to the sounds of the marches as they drifted up to my window. Attached to the bed, I raised my sick woman fist in solidarity.

Solidarity is a slippery thing. It's hard to feel in isolation. In bed, in pain, I started to think about the kind of solidarity in which I could participate as someone stuck at home, alone. I started to think about what modes of protest are afforded to sick and disabled people at all.

I thought of the many others who were not at the protest either, who could not go because it was in some way inaccessible to them, all the other invisible bodies, with their fists up, tucked away, out of sight. It seemed to yumrukları havada, gizlenmiş ve gözden ırak. Pek çoğu *Black Lives Matter*'ın özellikle hitap ettiği kişiler gibi göründü bana. Muhtemelen, işe gitmek zorunda oldukları için, eyleme gittiklerinde işten atılma tehdidinden dolayı ya da aslında hapse atılmış olduklarından bu yürüyüşlerde bulunamıyorlardır. Belki de her protestoda var olan polis zulmü ve şiddet tehdidi yüzünden bu yürüyüşlere gidemiyorlardır. Gidememelerinin sebebi, hiper-görünür ile görünmezin, belirgin ile belirsizin acayip bir kesişimi olan ve kendi etrafında tehlikeli bir kırılganlığı somutlaştıran bedenleridir ya da. Kendi hastalık ve engellilikleri yahut hasta veya engelli birine bakım yükümlülükleri yüzünden gidemiyorlardır belki de. Sayıca çok fazlaydılar, esas itibarıyla her birimiz bir diğerinden de farklıydık, fakat hepimiz için geçerli olan bir şey vardı ki, o da orada olmamamızdı.

Hannah Arendt'in politiğin –anaakım söylemde hâlâ en baskın kabul gören– tanımını kamusal alanda icra edilen her eylem olarak kabul edersek, bu tanımın dışarıda bıraktıklarıyla da uğraşmamız gerekir. Eğer politik olmak için gereken kamusal alanda bulunmaksa, o zaman nüfusun koca koca öbekleri bütünüyle apolitik addedilecektir, sırf kendi bedenlerini sokağın ortasına koyabilecek fiziksel yetkinlikleri olmadığı için.

Benim okuduğum lisansüstü programında Arendt tanrı gibiydi, dolayısıyla ben de onun politik olana dair tanımının radikal bir biçimde özgürleştirici olduğunu düşünecek şekilde eğitilmiştim. Tabii ki kendi açısından, kendi zamanında (1950'lerin sonlarında), öyle olduğunu da görebiliyorum: Böylece bir çırpıda, yasal altyapılar, oylama ve seçimlere olan ihtiyaçla tanımlanmış bir politikten ve siyasayı etkileme erkini toplamış kişilere itimat etmekten, hatta siyasanın kendisine olan ihtiyaçtan kurtuluyordu. Ki, o zamana kadar tüm bunlar bir eylemin politik olarak kabul edilmesi ve böylelikle görünür olması için talep edilen şeylerdi. Fakat hayır, Arendt dedi ki, kendi bedenini sokağın ortasına koy ve bam: politik.

Oysa burada iki kusur var. Birincisi, Arendt'in "kamusal"a olan itimadı – ki bir mahremi, görünür ve görünmez alan arasında bir ikiliği gerektirir. Bu da, özel alanda her ne oluyorsa politik olmayacağı anlamına gelir. Yani örneğin, eşini özel alanda dövebilirsin ve bunun bir önemi olmaz. Irkçı hakaretler içeren özel e-postalar gönderebilirsin ama bunlar "kamuya hitap etmediği" için bir şekilde ırkçı değilsindir. Arendt, eğer her şey politik olarak değerlendirilirse o zaman hiçbir şey politik olmaz diye kaygılanıyordu, bu nedenle de alanları politik olan ve olmayan diye ikiye ayırdı. Fakat bu kaygı uğruna bazı insan gruplarını tamamıyla gözden çıkardı, onları politik olarak konunun dışına ve görünmezliğe sürgün etmeyi tercih etti. Onları politik alanın dışında tutmayı seçti. Arendt'i bu nedenle eleştiren ilk kişi ben değilim. 60'lar ve 70'lerdeki feminist ve sivil haklar aktivizminde Arendt'in "politik" mefhumunun kusuru ortaya kondu. Zamanının "kişisel olan politiktir" sloganı "özel olan politiktir" anlamına da gelebilir. Çünkü şüphesiz, özel alanda yaptığın her şey politik: Duşta ne me that many would be the people for whom Black Lives Matter is especially in service. I thought of how they might not be able to be present for the marches because they had to go to work, or because they lived under the threat of being fired from their job if they marched, or because they were literally incarcerated. They might not be able to go to the marches because of the threat of violence and police brutality that exists at any protest. They might not be able to go because their bodies were this peculiar convergence of hyper-visible and invisible, marked and unmarked, which instantiated a dangerous vulnerability around them. They might not be able to go because of their own illnesses or disability, or because they were caring for someone with an illness or disability. They were many, and we were different from each other in key ways, but what was true for all of us is that we were not there.

If we take Hannah Arendt's definition of the political—which is still one of the most dominant in mainstream discourse—as being any action that is performed in public, we must contend with the implications of what, of whom, that excludes. If being present in public is what is required to be political, then whole swathes of the population can be deemed *a*-political—simply because they are not physically able to get their bodies into the street.

In my graduate program, Arendt was a kind of god, and so I was trained to think that her definition of the political was radically liberating. Of course, I can see that it was, in its own way, in its time (the late 1950s): in one fell swoop she got rid of a political defined by the need for infrastructures of law, voting, elections, and the reliance on individuals who've accumulated the power to affect policy—she got rid of the need for policy at all. Until then, all of these had been required for an action to be considered political and visible as such. No, Arendt said, just get your body into the street, and bam: political.

There are two failures here, though. The first is her reliance on a "public"—which requires a private, a binary between visible and invisible space. This meant that whatever takes place in private is not political. So, you can beat your spouse in private and it doesn't matter, for instance. You can send private emails containing racial slurs, but since they weren't "meant for the public," you are somehow not racist. Arendt was worried that if everything can be considered political, then nothing will be, which is why she divided the space into one that is political and one that is not. But for the sake of this anxiety, she chose to sacrifice whole groups of people, to continue to banish them to invisibility and political irrelevance. She chose to keep them out of the political sphere. I'm not the first to take Arendt to task for this. The failure of Arendt's notion of the political was exposed in the civil rights activism and feminism of the 1960s and '70s. The slogan of the time, "the personal is political," can also be read as saying "the private is political." Because, of course, everything you do in private is political: how kadar uzun kaldığın, ondan da evvel duş alacak sıcak suyun olup olmadığı ya da sonrasında duşu senin mi temizlediğin yoksa bu iş için başka birini mi tuttuğun vesaire.

Arendt'in bugün kamusal alana dair söylemde kendini göstermeye devam eden kavramsallaştırmasında bir sorun daha var. Judith Butler'ın 2015'te, "Kırılganlık ve Direniş" başlıklı sunumunda belirttiği gibi, Arendt kamusal alana kimin kabul edildiğini, yani kimin kamusaldan sorumlu olduğunu hesaba katmak konusunda başarısız oldu. Kamusal alan asla iktidar, kontrol ve gözetim altyapılarından azade değil, bilakis onlar tarafından inşa edilmiş durumda. Butler'ın dediği gibi, kamusal bir eylem hakkında hep doğru olan tek bir şey var: Polis ya zaten oradadır ya da çoktan yola koyulmuştur. Bu *Black Lives Matter* bağlamında düşündüğümüzde korkutucu bir kuvvete tekabül eder. Bir eylemde –hele ki Siyah yaşamların bu tür bir şiddete maruz bırakılamayacağı ısrarı üzerinden alevlenmiş bir eylemde– Siyah yaşamlara yönelik şiddetin kaçınılmazlığı, birçok insanın orada olmayacağını, çünkü olamayacağını temin eder. Üstüne kamusal alanın pek çok yönden erişilemezliğini ekleyelim, bir de kısıtlı değil bilakis daha çok erişim ve destek gerektiren fiziksel ve ruhsal hastalıkları ve engellilikleri katalım buna, bu durumda, bu eylemler her kimin içinse o kişilerin pek çoğunun eylemlere katılamadığı –yani politik özneler olarak görünür olmadığı– gerçeğiyle yüzleşmemiz gerekir.

2014'teki protestoların sürdüğü o haftalarda karşıma çıkan bir Tumblr paylaşımı vardı, şöyle bir şey diyordu: "Buradan bu gece bizimle sokaklarda protestoya katılamayan tüm engellilere, hastalara, Travma Sonrası Stres Bozukluğu [TSSB], kaygı bozukluğu vs. olanlara sesleniyorum. Sesleriniz duyuluyor ve kıymetliler ve bizimleler." Kalp. Yeniden paylaş.

2014 protestolarına dair son paragrafı yazdığımdan beri dünya çapında bir sürü ayaklanma çıktı. 2022'de bunu yazdığım hafta Rusya Ukrayna'ya saldırdı. Titrek telefonlarla sokaklardan çekilmiş videoları izlerken fark ediyorum ki, pek çokları gibi ben de 21. yüzyıl ayaklanmalarına başta sosyal medya aracılığıyla katıldım. Beğenerek, paylaşarak, retweet ederek; GoFundMe'lere, yardım cemiyetlerine, hayır kurumlarına bağış yaparak. Bağlantılar paylaşıyorum, felaket haberlerine gömülüyorum, sonra ekranımda üreyen soykırım, baskı ve savaş görüntülerinden bitkin düşmüş halde ve iç çekerek bağlantımı kesmeye ihtiyaç duyuyorum. İnternete yerleştirilmiş, bildiğimiz ama göremediğimiz gözetim araçlarını düşünüyorum; dijital alan nasıl da kamusal alanı hem genişletti hem de daralttı, kamusal ile özel arasındaki ayrımı iyice tıkanık ve karmaşık hale getirdi. COVID-19'un bedenlerimizi değil ama yaşamlarımızı nasıl beklenmedik bir biçimde dijital alana taşıdığını düşünüyorum. Düşünüyorum da, bedenler ne kadar da gerçek, kütleleri, ihtiyaçları var ve bok gibi de pahalılar – dünyayı bu gerçek döndürüyor, bir sorun olduğu kadar şairane de.

long your showers are, if you have access to hot water for a shower at all, if you clean the shower afterward or if you pay someone else to clean it, and so on.

There is yet another problem with Arendt's formulation, which persists in today's discourse about public space. As Judith Butler put it in their 2015 lecture, "Vulnerability and Resistance," Arendt failed to account for who is allowed into public space, which means she failed to account for who's in charge of public space. Public space is never free from infrastructures of power, control, and surveillance; in fact, it is built by them. As Butler says, there is always one thing true about a public demonstration: the police are already there, or they are coming. This resonates with frightening force when considering the context of Black Lives Matter. The inevitability of violence inflicted on Black lives *at* a demonstration—particularly a demonstration that ignited around insisting that Black lives should not be subjected to such violence—ensures that a lot of people won't, because they can't, show up. Couple this with the multiple forms of inaccessibility of public space, then couple that with people's physical and mental illnesses and disabilities that require more rather than less access and support, and we must contend with the fact that many whom these protests are for are not able to participate in them, which means they are not able to be visible as political subjects.

There was a Tumblr post that came across my dash during those weeks of protest in 2014. It said something to the effect of: "Shout out to all the disabled people, sick people, people with PTSD, anxiety, etc., who can't protest in the streets with us tonight. Your voices are heard and valued, and with us." Heart. Reblog.

Since I wrote that last paragraph about the 2014 protests, many uprisings have arisen around the world. The week that I am writing this, in 2022, Russia invaded Ukraine. While watching videos recorded with shaky phones from the street, I realize that, like a lot of others, I have participated in the uprisings of the twenty-first century primarily through social media. Liking, sharing, retweeting; donating to mutual aid, GoFundMe's, charities. I share links and doomscroll, then need to log off, fatigued and weeping as the images of war, oppression, and genocide proliferate on my screen. I think of the surveillance embedded in the internet, a force we know is there but can't see, and how digital space has both expanded public space and narrowed it, making this distinction between private and public even more occluded and confusing. I think of how COVID-19 put our lives, but not our bodies, into digital space in an unprecedented way. I think of how bodies are real, that they have gravity and needs, and are fucking expensive—that this fact motors the world, as much a problem as a poetic.

When I think of this, I feel heavy with my own body and what it looks like, how it carries its Korean-Americanness in skin and bone that pass as

Bunları düşündüğümde kendi bedenimde ağır hissediyorum; onun neye benzediği, beyaz sayılan deri ve kemiklerinde Koreli-Amerikalılığı nasıl taşıdığı, bu bedeni nereye taşıyıp taşıyamayacağım, bunun ne kadar görünür ya da görünmez olduğu hususunda. Bedenimin ve benzerlerinin maruz kaldığı şiddet karşısında ağırlaşıyorum. Benim gibi görünmeyenleri, onların gördüğü şiddeti ve nedenlerini düşünmekse daha da ağır hissettiriyor. Benim ve benim gibi hasta ve engelli bedenlerin o protestolara katılmak için neye, ne tür bir desteğe ihtiyaç duyacağını ve o desteğin nasıl var olmadığını düşündükçe ağırlık artıyor. Şiddetin tüm nüanslarını ve belli gruplara yöneltilmesinin çeşitli biçim ve sebeplerini düşünüyorum, ardından da şiddetin bütüncüllüğünü, en ağır hissettireni de işte bu.

Böylelikle, yıllar boyu yürüyemeyecek, bir pankart tutamayacak, duyulabilir bir slogan atamayacak ya da politik bir varoluşun geleneksel kapasiteleri dahilince görünür olmayacak halde protestolara katıldıkça Hasta Kadın Teorisi'nin temel sorusu da bilenip biçimlendi: Eğer yataktan çıkamayacak durumdaysan bir bankanın camına nasıl taşı indirebilirsin?

2.

Benim bir kronik hastalığım var. Kronik hastalık ne demek bilmeyenler için: "Kronik" kelimesi Yunancada "zaman" anlamına gelen χρόνος, "khronos"tan geliyor. Bazı durumlarda bu "bir ömür boyu" demek. Yani kronik bir hastalık bir ömür boyu süren bir hastalık. Diğer bir deyişle, iyileşmez. Devası yok.

Bir de zamanın tesirini düşünün. Evet, yani onu her gün hissediyorsunuz. Çok nadiren, sanki bir şeyler beni dünyanın dışına çekiyor gibi bir ana kapıldığım, hastalıklarım hakkında birkaç dakikadır, belki birkaç kıymetli saattir düşünmediğimi fark ettiğim olmuştur. Bu unutma anları, bildiğim kadarıyla, bir mucizeye en yakın şeyler. Kronik hastalığın olduğu zaman hayat amansız bir enerji pay etme çabasına indirgeniyor. Herhangi bir şeyi yapmanın bir maliyeti var: Yataktan çıkmanın, kendine yemek yapmanın, giyinmenin, bir e-posta cevaplamanın... Kronik hastalığı olmayanlar enerji harcayabilir ve bu bir sonuç doğurmayabilir: Maliyeti sorun olmaz. Bizim gibi kısıtlı kaynakları olanlar ise pay etmek zorundayız, kısıtlı bir stokumuz var, o da genelde öğle yemeğinden önce tükeniyor.

Kimi zamanlar bir soru takılıyor aklıma: Bedeni hakkında düşünmek zorunda olmayan insanlar var mı?

Merak ediyorum da, dünya üzerindeki hangi koşullar, hangi destekler birlik oldu da bunu onlar için mümkün kıldı. Neden benim gibi biri için geçerli değil bu?

Ann Cvetkovich şöyle yazıyor: "Peki ya depresyonun izi –en azından Amerika kıtasında– biyokimyasal dengesizliklerden değil de hepimizin hayatına musallat olan sömürgecilik, soykırım, kölelik, yasal dışlama, gündelik ayrıştırma ve yalnızlaştırma tarihleri üzerinden sürülebilseydi?"

white, and what this means about where I can and can't take it, about how visible it is and is not. I am heavy with the violence that's been inflicted on it and on those who look similar. Then it feels heavier when I think of those who don't look like me, what violences come to them and why. The weight increases when I consider what my and other sick and disabled bodies would need to attend these protests, what kinds of support, and how such supports are not there. I think of all the nuances of violence, the many ways it is oriented toward specific groups and why, but then I think of the totality of it, and this feels heaviest of all.

So, as I have participated in protests over the years while unable to march, hold up a sign, shout a slogan that would be heard, or be visible in any traditional capacity as a political being, the central question of Sick Woman Theory has been formed and honed: How do you throw a brick through the window of a bank if you can't get out of bed?

2.

I have chronic illness. For those who don't know what chronic illness means: the word "chronic" comes from the Greek "chronos," χρόνος, which means "time" (think of "chronology"). In certain contexts, it can mean "a lifetime." So, a chronic illness is an illness that lasts a lifetime. In other words, it does not get better. There is no cure.

And there is the weight of time: yes, that means you feel it every day. On very rare occasions, I get caught in a moment, as if something's plucked me out of the world, where I realize that I haven't thought about my illnesses for a few minutes, maybe a few precious hours. These moments of oblivion are the closest thing to a miracle that I know. When you have chronic illness, life is reduced to a relentless rationing of energy. It costs you to do anything: to get out of bed, to cook for yourself, to get dressed, to answer an email. For those without chronic illness, you can spend and spend without consequence: the cost is not a problem. For those of us with limited funds, we have to ration, we have a limited supply, we often run out before lunch.

Sometimes a question shoots through me: Are there people who don't have to think about their bodies?

It makes me wonder what conditions, what supports, have conspired in the world to make this true for them. Why is it not true for someone like me?

Ann Cvetkovich writes: "What if depression, in the Americas, at least, could be traced to histories of colonialism, genocide, slavery, legal exclusion, and everyday segregation and isolation that haunt all of our lives, rather than to be biochemical imbalances?" I'd like to change the word "depression" here to be all mental illnesses. Cvetkovich continues: "Most medical literature tends to presume a white and middle-class subject for whom feeling bad is frequently a mystery because it doesn't fit a life

Ben buradaki "depresyon" kelimesini tüm ruhsal hastalıklar olarak değiştirmek istiyorum. Cvetkovich şöyle devam ediyor: "Tıbbi literatür ağırlıklı olarak beyaz orta sınıf bir özne öngörür ve bu özneye göre kötü hissetmek sıklıkla bir gizemdir, çünkü ayrıcalık ve konforun görünürde her şeyi iyi ettiği bir hayatla örtüşmez bu." Yani, bugün Amerika'da pazarlanan ve hakkında konuşulan "esenlik" hali, beyaz ve zengin bir tasarıdır.

Starhawk'tan bir alıntı yapayım, 1982 tarihli *Dreaming the Dark* [Karanlığı Düşlemek] kitabının yeni baskısının önsözünde şöyle söylüyor: "Psikologlar bir mit kurguladı, buna göre bir yerlerde norm olan bir sağlık hali var, yani insanların çoğunun bu halde olduğu varsayılıyor; kaygılı, depresif, nevrotik, sıkıntılı ya da genellikle mutsuz olanların ise sapkın." Ben burada "psikologlar" kelimesinin yerine "beyaz üstünlükçülük", "doktorlar", "patronlarınız", "neoliberalizm", "heteronormativite" ve "Amerika"yı koyardım.

Son yıllarda bir yığın yazı "kadınların" ağrısının nasıl muamele gördüğünden, daha doğrusu acil servis ve kliniklerde doktorlar, uzmanlar, sigorta şirketleri, aileler, eşler, arkadaşlar, geniş tabiriyle kültür tarafından nasıl erkeklerinki kadar ciddi muamele görmediğinden bahsetti. 2015'te *The Atlantic*'te çıkan "Doktorlar Kadınların Ağrılarını Nasıl Daha Az Ciddiye Alıyor" başlıklı bir makalede, bir adam, karısı Rachel'ın durumunun gerektirdiği tıbbi müdahale için (ki bahsi geçen durum bir yumurtalık dönmesi, yani yumurtalıktaki bir kistin fazlasıyla büyüyerek düşmesi ve bu sırada fallop tüplerini döndürmesi) acil serviste uzun süre bekleyişlerini yazıyor: "Ülke çapında akut karın ağrısı için analjezik almadan önce erkekler ortalama kırk dokuz dakika bekliyor. Kadınlar ise aynı şey için ortalama altmış beş dakika bekliyor. Rachel doksan dakika ila iki saat arası bir süre bekledi." Bu çilenin sonunda, Rachel, aslında derhal alınması gereken ameliyat için yaklaşık on beş saat beklemiş oluyor. Yazının sonucunda fiziksel yaraların iyileştiğinden ama kadının "görülmemenin travması" olarak adlandırdığı ruhsal bedelle cebelleşmeye devam ettiğinden bahsediliyor.

Makalede bahsi geçmeyen şeyse ırk – bu da beni yazar ve eşinin beyaz olduğunu düşünmeye itiyor. Böylesi kayıtsız bir nötrlüğe imkân veren şey beyazlıktır: O ki boşluğun önkabulü, evrenselin varsayımıdır. (Araştırmalara göre beyazlar, ırk hakkında konuşurken beyaz-olmayan insanlara oranla diğer beyazları çok daha açıkça dinliyorlar. Öyleyse beyaz-varsayılan[1] birisi olarak, beyaz insanlara doğrudan hitap edeyim: Beyaz-görünen yüzüme bak da dinle.)

Görülmemenin travması. Tekrar ediyorum: Kamusal alana kim dahil ediliyor? Kimin görünür olmasına müsaade ediliyor? Rachel'ın korkunç deneyimini küçümsemek değil niyetim, kendim de bir seferinde yumurtalık kisti patlaması tanısı alana kadar acil serviste on saat bekledim, yani anlıyorum. Sadece onun çilesinin temelindeki varsayımlara işaret in which privilege and comfort make things seem fine on the surface." In other words, "wellness" as it is talked about, and sold, in America today, is a white and wealthy idea.

Let me quote Starhawk, in the preface to the new edition of her 1982 book *Dreaming the Dark*: "Psychologists have constructed a myth—that somewhere there exists some state of health which is the norm, meaning that most people presumably are in that state, and those who are anxious, depressed, neurotic, distressed, or generally unhappy are deviant." I'd here supplant the word "psychologists" with "white supremacy," "doctors," "your boss," "neoliberalism," "heteronormativity," and "America."

There has been a slew of writing in recent years about how "female" pain is treated—or rather, not treated—as seriously as men's pain in emergency rooms and clinics, by doctors, specialists, insurance companies, families, husbands, friends, the culture at large. In a 2015 article in *The Atlantic*, called "How Doctors Take Women's Pain Less Seriously," a husband writes about the experience of his wife Rachel's long wait in the ER before receiving the medical attention her condition warranted (which was an ovarian torsion, where an ovarian cyst grows so large it falls, twisting the fallopian tube). "Nationwide, men wait an average of forty-nine minutes before receiving an analgesic for acute abdominal pain. Women wait an average of sixty-five minutes for the same thing. Rachel waited somewhere between ninety minutes and two hours," he writes. At the end of the ordeal, Rachel had waited nearly fifteen hours before going into the surgery she should have received upon arrival. The article concludes with her physical scars healing, but that "she's still grappling with the psychic toll—what she calls 'the trauma of not being seen.'"

What the article does not mention is race—which leads me to believe that the writer and his wife are white. Whiteness is what allows for such oblivious neutrality: it is the premise of blankness, the presumption of the universal. (Studies have shown that white people will listen to other white people when talking about race far more openly than they will to a person of color. As someone who is white-passing, let me address white people directly: look at my white-looking face and listen up.)

The trauma of not being seen. Again—who is allowed into the public sphere? Who is allowed to be visible? I don't mean to diminish Rachel's horrible experience—I myself once had to wait ten hours in an ER to be diagnosed with a burst ovarian cyst, so I get it—I only wish to point out the presumptions upon which her horror relies: that vulnerability should be seen and supported, and that we should all receive care, quickly and in a way that "respects the autonomy of the patient," as the Four Principles of Biomedical Ethics puts it. Of course, these presumptions are what any person with a body should have. But we must ask the question of which bodies are allowed to enjoy such assumptions. In whom does society etmek istiyorum: Kırılganlığımız görülmeli ve önemsenmeli, hepimiz hızlıca ve Biyomedikal Etiğin Dört İlkesi'nin belirttiği gibi, "hastanın özerkliğine saygıyla" bakım görebilmeliyiz. Tabii ki bedeni olan her insan bu varsayımlara sahip olmalı. Fakat hangi bedenlerin bu varsayımlardan yararlanmasına müsaade edildiği sorusunu da sormalıyız. Toplum kimler üzerinden bu fikirleri doğruluyor? Ve toplum kimler üzerinde bunların tersini uyguluyor?

Rachel'ın sağlık kurumunun ellerindeki deneyimini Kam Brock'unkiyle karşılaştıralım. Jamaika'da doğmuş ve New York'ta yaşayan otuz iki yaşında bir Siyah kadın, Brock, 2014'ün Eylül ayında BMW'sini sürerken polis tarafından kenara çekiliyor. Marihuana etkisinde araç kullanmakla suçlanıyor, davranışları ve otomobilinin aranması iddiayı destekleyecek herhangi bir bulgu sunmasa da aracına el konuluyor. Brock'un New York City ve Harlem Hastanesi'ne karşı açtığı davaya göre, Brock ertesi gün aracını geri almaya gittiğinde kendi tabiriyle "duygusal" davrandığı için polis tarafından tutuklanıyor ve rızası dışında Harlem Hastanesi psikiyatri koğuşuna yatırılıyor. ("Fazla" duygusal davranmak yüzünden rızası dışında hastaneye yatırılan biri olarak bu hikâye zihnimde bir ipin ucu gibi sökülüyor.) Doktorlar onun "sanrılı" ve bipolar bozukluktan mustarip olduğunu düşünmüş; çünkü Obama'nın kendisini Twitter'dan takip ettiğini iddia ediyormuş - ki bu doğruymuş, ama medikal ekip doğruluğunu teyit edememiş. Sonrasında kadın sekiz gün hastanede tutulmuş, kendisine zorla sakinleştirici enjekte edilmiş, psikiyatrik ilaçlar içmesi, grup terapisine katılması ve soyunması dayatılmış. Avukatları tarafından temin edilen medikal kayıtlar Brock'un yatışına dair "ana tedavi planı"nı ortaya koyuyor: "Amaç: Hasta iş edinmek için eğitimin önemli olduğunu dile getirecek ve Obama'nın onu Twitter'da takip etmediğini beyan edecek." Raporda "gerçeği değerlendiremediği" not edilmiş. Salıverildiğinde Brock'a 13.637 dolar 10 sentlik bir fatura çıkarılıyor.

Hastanedeki doktorların Brock'un Obama'nın kendisini takip ettiği iddiası üzerine neden onun "sanrılı" olduğunu düşündüğünün cevabı basit: Çünkü bu topluma göre genç Siyah bir kadın muhtemelen o kadar önemli biri olamaz, öyle olduğunu iddia ediyor olması ise "hasta" olduğu anlamına gelir.

Kaç kişi bu şekilde "hasta" addedildi? Kaç kere "bakım" bahanesiyle bir kişinin kişisel özerkliği elinden alındı? Neden bu Rachel'ın başına Kam Brock'tan çok daha farklı şekilde geliyor? Her ikisi de hasta kadına dönüştürülse de bu durum bu kadar farklılaşan sonuçlar doğurduğunda, hasta kadını nasıl anlıyoruz? En başta o [hasta kadın] var olmalı mı?

3.

Pek çok kılığı içinde "hasta kadın"dan konuşabilmek için önce bir birey olarak konuşmam ve size kendi konumumdan hitap etmem gerekiyor.

substantiate such beliefs? And in whom does society enforce the opposite?

Compare Rachel's experience at the hands of the medical establishment with that of Kam Brock. In September 2014, Brock, a thirty-two-year-old Black woman, born in Jamaica and living in New York City, was driving her BMW when she was pulled over by the police. They accused her of driving under the influence of marijuana, and though her behavior and their search of her car yielded nothing to support this, they nevertheless impounded her car. According to a lawsuit brought against the City of New York and Harlem Hospital by Brock, when she appeared the next day to retrieve her car, she was arrested by the police for behaving in a way that she calls "emotional," and involuntarily hospitalized in the Harlem Hospital psych ward. (As someone who has also been involuntarily hospitalized for behaving "too" emotionally, this story feels like a rip of recognition through my brain.) The doctors thought she was "delusional" and suffering from bipolar disorder, because she claimed that Obama followed her on Twitter—which was true, but the medical staff failed to confirm it. She was then held for eight days, forcibly injected with sedatives, made to ingest psychiatric medication and attend group therapy, and stripped. The medical records of the hospital—obtained by her lawyers—bear this out: the "master treatment plan" for Brock's stay reads, "Objective: Patient will verbalize the importance of education for employment and will state that Obama is not following her on Twitter." It notes her "inability to test reality." Upon her release, she was given a bill for $13,637.10.

The question of why the hospital's doctors thought Brock "delusional" because of her Obama-follow claim is easily answered: Because, according to this society, a young Black woman can't possibly be that important—and for her to insist that she is, must mean she's "sick."

How many people are rendered "sick" in this way? How many times has the autonomy of a person been stripped from them in the name of "care"? Why does it happen so differently to a person like Rachel than to Kam Brock? When both are made into sick women, but this determines radically different outcomes, how do we understand the sick woman? Should she exist at all?

3.

Before I can speak of the "sick woman" in all of her many guises, I must first speak as an individual, and address you from my particular location.

I am antagonistic to the notion that the Western medical-insurance industrial complex understands me in my entirety, though it seems to think it does. They have attached many words to me over the years, and though some of these have provided articulation that was useful—after all, no matter how much we are working to change the world, we must still find ways of coping with the reality at hand—first I want to suggest some other

Onlar aksini düşünse de, ben Batılı sağlık-sigorta endüstri-kompleksinin beni bütün yönlerimle anladığı fikrine karşıyım. Yıllar boyunca bana pek çok kelime yakıştırdılar, bunların bazıları işe yarar ifade imkânları sağladı –sonuçta dünyayı ne kadar değiştirmeye çalışsak da elimizdeki gerçeklerle baş etmenin yollarını bulmalıyız– fakat ben "hastalığımı" anlamak için öncelikle başka yollar önermek istiyorum.

Belki her şey Güneş'imin İş, Emek ve Sağlığın Altıncı Ev'inde, Ay'ımınsa Sekizinci Ev'deki yengeç burcunda, yani Ölüm Evi'nde olmasıyla açıklanabilir; ya da Mars, Satürn ve Plüton'un On İkinci Ev'de, Hastalıklar, Acılar, Sıkıntı ve Yıkım Evi'nde olmasıyla. Ya da babaannemin, karnında kısa süre içinde kendisini terk eden bir Amerikan askerinin çocuğuyla savaş sırasında Güney Kore'yi terk etmesi ve hayatının geri kalan otuz yılını Amerika'da bir hastanede çift vardiya çalışan bir kat görevlisi olarak, tek bir gün ya da hafta sonu dahi izin kullanmadan geçirmiş olmasıyla. Ya da annemin, ömrünü ailesi tarafından bilfiil inkâr edilen, tanısı konmamış bir ruhsal hastalıkla ve muhtemelen nöroçeşitlilik sahibi olarak geçirmesiyle – ki bu halleri cezaevleri ve işgal evlerine girip çıktığı, evsiz kaldığı dönemde yaşadığı kırk yıllık uyuşturucu ve alkol bağımlılığı, cinsel travma, kirli iğneden bulaşmış bir hepatitle iyiden iyiye zıvanadan çıkmıştı. Ya da benim çocukken fiziksel ve duygusal istismara uğramış, yoksulluk, bağımlılık ve şiddet içinde, kimi zaman ağza atılacak bir lokmanın olmadığı bir ortamda yetiştirilmiş olmamla da. Belki fakir olduğum içindir – IRS'e [Milli Gelirler İdaresi] göre, 2014'te, bu metni yazmaya başladığım sıradaki düzeltilmiş brüt gelirim (tam zamanlı çalışabilecek kadar iyi olmamanın bir sonucu olarak) 5730 dolardı. Bu sebepten, sağlık sigortam Kaliforniya eyaleti, "birinci basamak sağlık bakımı"msa yol kenarındaki bir alışveriş merkezinin ikinci katındaki klinikte bulunan bir grup asistan hekim ve hemşire tarafından sağlanıyordu ve karnımı doyurmak için gıda pullarına ihtiyaç duyuyordum. Belki kuir ve non-binary olduğum, ebeveynlerime on dört yaşında açıldıktan sonra on altı yaşında annemin gözümü son kez morartmış olması dileğiyle evden ayrıldığımdandır. Belki de "travma" kelimesiyle özetlenebilir olan biten. Hiçbir zaman hiçbir şeyin üstesinden gelemediğimdendir belki. Talihsiz olduğumdandır ya da.

Belki de benim bireysel deneyimime indirgenecek bir şey değildir bu. Belki kendimi açıklamanın en doğru yolu, bu dünyada yaşadığımı ve onun toplumsal, politik, ekonomik ve tarihsel sistemlerinin içine yerleştirilmiş, yani her ne kadar hoşuma gitmese de tahakküm kurumları ve onları besleyen ideolojiler tarafından bireyselliğimin fazlasıyla belirlenmiş olduğunu söylemektir.

Ayrıca, bana yakıştırılan Batılı tıp terminolojisini de paylaşıyor olmam önemli. Sevsem de sevmesem de ortak bir dil sunabilir bu terminoloji. Adrianne Rich 1971'de "bu dil egemene ait" diye yazmıştı, "ama seninle konuşmak için ona ihtiyacım var." Tabii ki, beyanımın doğruluğunun tasdik ways of understanding my "illness."

Perhaps it can all be explained by the fact that my Sun is in the Sixth House of Labor, Work, and Health; and my Moon's in Cancer in the Eighth House, the House of Death; and my Mars, Saturn, and Pluto are in the Twelfth House, the House of Illness, Suffering, Misery, Bane, and Toil. Or that my father's mother left South Korea during the war, pregnant by an American soldier who left her not long after, and she then spent the next thirty years in America working double shifts as a maid in a hospital, not once taking a day or a weekend off. Or that my mother spent her life suffering from undiagnosed mental illness and was probably neurodivergent, both of which were actively denied by her family, conditions then exasperated by a forty-year-long drug and alcohol addiction, sexual trauma, and hepatitis from a dirty needle, as she made her way in and out of jails, squats, and homelessness. Or that I was physically and emotionally abused as a child, raised in an environment of poverty, addiction, and violence, where sometimes there wasn't enough to eat. Perhaps it's because I'm poor—according to the IRS, in 2014, when I started writing this text, my adjusted gross income was $5,730 (a result of not being well enough to work full-time)—which meant that for years my health insurance was provided by the state of California, that my "primary care doctor" was a group of physician's assistants and nurses in a clinic on the second floor of a strip mall, and that I relied on food stamps to eat. Perhaps it's because I'm queer and gender nonbinary, first coming out to my parents at age fourteen, and finally leaving home at age sixteen with the last black eye I was willing to receive from my mother's hand. Perhaps it can be encapsulated in the word "trauma." Perhaps I've never gotten over anything. Perhaps I've had some bad luck.

Or perhaps this is not something that should be scaled down to my own individual experience. Perhaps the more accurate way to account for myself is to say that I am alive on this planet and imbricated into its social, political, economic, and historical systems—that my individuality is determined far more than I might like by institutions of domination and the ideologies that feed them.

It's important that I also share the Western medical terminology that's been attached to me—whether I like it or not, it can provide a common vocabulary: "This is the oppressor's language," Adrienne Rich wrote in 1971, "yet I need it to talk to you." Of course, I fucking hate that in order for my testimony to be validated as true, I have to legitimate myself in this way. Yet, I also understand that my specific embodiment is an important thing to attach to my words.

But let me offer another language, too. In the Native American Cree language, the possessive noun and verb of a sentence are structured differently than in English. In Cree, one does not say, "I am sick." Instead, edilebilmesi için kendimi bu şekilde meşrulaştırmak zorunda olmaktan nefret ediyorum. Yine de, kendine has bedenselliğimin kelimelerime iliştirmek için önemli bir şey olduğunu da anlıyorum.

Ancak hadi bir başka dil de önereyim. Amerikan yerli dillerinden Kricede [Cree], yüklem ve aitlik belirteci cümlede İngilizceden daha farklı yapılandırılıyor. Bu dilde "ben hastayım" denmiyor. Bunun yerine "hastalık bana geldi" deniyor. Bu bana hastalığa dair daha yapıcı bir yaklaşım gibi geliyor, çünkü bu şekilde hastalık ve kişilikten birinin diğerini ele geçirdiği değil, her ikisinin ayrık varlıklar olarak birbiriyle karşılaşıp etkileşime girebileceği kabul ediliyor. Deneyimime dayanarak söyleyebilirim ki bu daha isabetli hissettiriyor.

Bana gelen şeylerse şöyle: Endometriozis, yani rahim içi tabakanın, olmaması gereken yerlerde –genelde pelvik bölgede ama bacaklar, karın, hatta kafa gibi herhangi bir yerde de– büyümesiyle gelişen bir rahim hastalığı. Bu hastalık kronik ağrıya, gastrointestinal kaosa, destansı, azman bir kanamaya, bazı durumlarda kansere sebep oluyor; bu da düşük yaptığım, çocuk sahibi olamayacağım ve beni birtakım ameliyatların beklediği anlamına geliyor. Yani her ay, o serseri rahim hücreleri kendilerini vücudumun içinde bir yerlere ekliyor, yoldaş endo savaşçısı Hilary Mantel'e atıfla, "doğalarına itaat edip kanıyorlar". Bu da en nihayetinde patlayan, ardında küçük bomba enkazları gibi ölü doku yığınları bırakan kistlere sebep oluyor. Evet, ağrı mahvedici. Bir ton cinsiyet disforisi olan, kendini kadın olarak tanımlamayan biri için, bu kadar iğrencini [*abject*] bırakın, bir rahme sahip olmanın kendisi bile başlı başına kafayı yedirten bir şey. Bu hastalığı bilmeyen birine açıkladığımda, "Yani bütün bedenin bir rahim!" diye hayret etmişti. Bu da bir bakış açısı, evet. (Rahmin vücudun içinde gezerek döllenmeyi aradığını ve sözümona delilik ve histeriye yol açtığını söyleyen "gezgin rahim" teorisinin babaları Antik Yunan hekimleri bununla ilgili ne derdi siz düşünün.) Ama ben, bu konuda farklı bir görüşü, bir seferinde, kendini kadın olarak tanımlamayan biri için böyle bir hastalığa sahip olmanın ne kadar kafa karıştırıcı olduğunu söylediğimde aldığım yanıtı el altında tutmaya çalışacağım: "Eh, yani kendini bir rahim olarak da tanımlamamalısın." (Peki, işlevini yerine getiremeyen bir organ hiç patolojize edilmese/etmese olmaz mı?)

Bipolar bozukluk, karmaşık TSSB, panik bozukluğu ve depersonalizasyon/derealizasyon da geldi bana. Biliyorum, bazıları aileden miras, bazıları da geçirdiğim çocukluk deneyiminin bir sonucu. Ama bu bana bir rahatlık vermiyor, çünkü bana nereden ve nasıl geldikleri önemli değil, geldiler ve buradalar. Bu şu anlama gelebilir, ben bu dünya ile ayrık bir "benlik" kavramı tarafından kapsanmayan beynim tarafından yaratılmış bir başka dünya arasında yaşıyorum. Bu "bozukluklar" yüzünden, zihnimin yıldızların içinde silindiği, hiçliğe dönüştüğüm hissinden sıradışı coşku, esrime, kahır ve kedere kadar engin duygular, fikir uçuşması ve düşsel one says, “The sickness has come to me.” This feels like a more productive understanding of illness because it respects both the self and the illness as separate entities that can interact and encounter each other, rather than one subsuming the other. Based on my own experience, this feels more accurate.

So, here is what has come to me: Endometriosis, which is a disease of the uterus where the uterine lining grows where it shouldn’t—in the pelvic area, mostly, but also anywhere, the legs, abdomen, even the head. It causes chronic pain; gastrointestinal chaos; epic, monstrous bleeding; in some cases, cancer; and means that I have miscarried, can’t have children, and have several surgeries to look forward to. It means that every month, those rogue uterine cells that have implanted themselves throughout my body, “obey their nature and bleed,” to quote fellow endo warrior Hilary Mantel. This causes cysts, which eventually burst, leaving behind bundles of dead tissue like the debris of little bombs. Yeah, the pain is annihilating. And for someone with a shitload of gender dysphoria, who does not identify as a woman, having a uterus at all, let alone such an abject one, has been a mindfuck. When I explained the disease to a person who didn’t know about it, she exclaimed: “So your whole body is a uterus!” That’s one way of looking at it, yes. (Imagine what the Ancient Greek doctors—the fathers of the theory of the “wandering womb,” in which the uterus was said to roam the body in search of fertilization, supposedly the cause of madness or “hysteria”—would say about that.) But I try to keep close something someone else once said to me when I told them how confusing this disease has been as a person who does not identify as a woman: “Well, you shouldn’t identify as a uterus either.” (But can a dysfunctional body part ever not be pathologized, pathologizing?)

Bipolar disorder, complex PTSD, panic disorder, and depersonalization/derealization disorder have also come to me. I know that I inherited some, and that some were caused by the sort of childhood I had, but this has meant little in the way of comfort, because no matter from where or why they came to me, they have come, they are here. This can mean that I live between this world and another one, one created by my own brain that has ceased to be contained by a discrete concept of “self.” Because of these “disorders,” I have access to empyreal emotions, flights of thought, and dreamscapes, to the feeling that my mind has been obliterated into stars, to the sensation that I have become nothingness, as well as to extraordinary ecstasies, raptures, sorrows, and despair. I have been hospitalized, voluntarily and involuntarily, because of it, and one of the medications I was prescribed once nearly killed me—it produces a rare side effect where one’s skin falls off. Another cost $800 a month; I only took it because my doctor slipped me free samples. If I want to be able to hold a job—which this world has decided I ought to be able to do according to its manzaralar yaşıyorum. Bu nedenle, şimdiye kadar, kendi rızamla ya da rızam dışında, hastaneye yatırıldım ve verilen ilaçlardan biri beni bir seferinde neredeyse öldürüyordu - bu ilacın nadir görülen bir yan etkisi insanın derisinin dökülmesine sebep oluyor. Bir başkası ayda 800 dolar tutuyordu, onu almamın tek nedeni doktorumun bana gizlice bedava numuneler vermesiydi. Eğer -kendi şartlarına göre bu dünyanın benim yapabilmem gerektiğine hükmettiği gibi- bir iş sahibi olmak istersem, diğer yan etkilerinin yanında bende kısa dönemli hafıza kaybı ve salya akıtma gibi çeşitli seksi etkiler yaratabilecek antipsikotik ilaçları her gün almak zorundayım. Bu ilaçlar her gece en az on saat bilincimi de eline alıyor ve asla öğleden önce uyanamıyorum, bu da beni daha da istihdam edilemez kılıyor. Feci bir nedensellik ikilemi: Çalışabilir olmak için aldığım ilaçlar beni çalışamaz hale getiriyor. Bu ziyaretçiler şimdiye kadar çoğu kez arkadaşlarını da getirdiler: Sinir krizleri, ruhsal çöküntüler ya da adına ne demek istersen o. Eminim ki yine misafirim olacaklar. Bunlar intihar teşebbüslerini (çoğunlukla disosiye haldeyken) teşvik etti birçok kez, ilk seferinde dokuz yaşındaydım.[2] Bu yüzden devamlı, kamusal bir alanda bir epizot geçirirsem ne yaparım korkusu sarmalıyor beni - gerçi, beyaz varsayıldığım için en azından polis tarafından vurulmayacağımı biliyorum.

Bu yazının 2016'da ilk defa *Mask Magazine*'de yayımlandığı gün, bir nörolog bana "başlangıç için" "%100 fibromiyalji" tanısı koymuştu. Bir yıldan daha uzun süre öncesindeyse, "birincil bakım" hekimim (ki bu tabiri saçmalığını vurgulamak için tırnak içinde kullanıyorum) bazı semptomlarımın işaret ettiği MS ve diğer otoimmün hastalıklara dair testlerin yapılması için beni bir nörolog, bir romatolog ve bir immunoloğa sevk etmişti. Sigortam bu sevkleri hiçbir zaman onaylamadı ya da sigorta planımın kapsadığı 240 kilometrelik alan içinde bir uzman bulamadı; fibromiyalji teşhisimi koyan nörolog, psikiyatristimin dost hatırına beni kurum dışında, nakit ödemeyle görmeyi kabul etti. Fibromiyalji semptomlarına bazen uyuyorum bazen uymuyorum. Bu yukarıda saydığım tüm durumlar için geçerli. Fakat dedim ya, onların beni tanımlamasına ve kategorize etmesine ihtiyacım var (onlara teslim olarak bir yandan tedavi ve ilaca erişebiliyorum, bir yandan da medikal-endüstriyel kompleksin boyunduruğuna giriyorum) ve bu tüm hasta ve engellilerin içinde yaşadığı çıkmaz. Patolojize edilmek hayatta kalmanın yolu.

Haziran 2016'da, Alman vatandaşı olan partnerimle birlikte esasen daha iyi sağlık hizmeti alabilmek için Berlin'e taşındım. Hayatım değişti, şimdi makul bir kiramız, aylığımız var ve ne zaman ihtiyaç duyarsam doktora gidebiliyorum. Alman sağlık sigortam tenzili ya da kesintili değil ve bilhassa bağımsız çalışan sanatçıları desteklemek için oluşturulmuş bir devlet programı tarafından karşılanıyor. Ara sıra reçetemden sigortamın karşılamayacağı bir şey çıktığında bu okkalı bir 15 euro tutuyor. Los Angeles'a ne zaman geri gitsem arkadaşlarım ne kadar sağlıklı, ne kadar terms—I must take an anti-psychotic medication daily that can cause short-term memory loss and drooling, among other sexy side effects. It also steals my consciousness every night for a minimum of ten hours, so I can never wake up before noon, making me even more unemployable—a cruel causality dilemma: the meds I need to be able to work make me unable to work. These visitors have also brought their friends: nervous breakdowns, mental collapses, or whatever you want to call them, several times in my life. I'm certain they will be guests in my house again. They have motivated attempts at suicide (most of them while dissociated) more than a dozen times, the first when I was nine years old. They cloak me with a constant fear about what might happen if I have an episode in public—though, because I pass as white, at least I know I will not be shot by the police.

On the same day in 2016 that this essay was originally published in *Mask Magazine*, a neurologist diagnosed me with "100% fibromyalgia," as a "place to start." More than one year before that, my "primary care" doctor (which I put in quotes to mark the absurdity of this claim) had referred me to see a neurologist, rheumatologist, and immunologist, so I could begin testing for MS and other autoimmune diseases that some of my symptoms pointed to. My insurance never approved these referrals, nor could it find a specialist within 150 miles who was covered by my plan; the neurologist who diagnosed my fibro agreed to see me out-of-network, cash-only, as a favor to my psychiatrist who was his friend. Sometimes I fit into the symptoms of fibromyalgia and sometimes I don't. This is true for all of the conditions I have listed above. But as I said, I need them to define and categorize me—submitting to them affords me access to treatment and medication at the same time that it yokes me to the medical-industrial complex—and this is the conundrum all sick and disabled people live with. To be pathologized is to be allowed to survive.

In June 2016, I moved to Berlin with my partner, who is a German citizen, basically so I could have better healthcare. My life changed—now we have affordable rent, pensions, and I can just go to the doctor when I need to. My German health insurance has no deductible, no co-pay, and it comes to me from a state program made specifically for freelance artists. Sometimes I need a prescription that is not covered by my insurance, and it costs a whopping €15. When I come back to L.A., my friends marvel at how healthy I seem, how strong. I remember that I had an appointment with my new German doctor on November 9th, 2016, the day after the U.S. election. I arrived as if shell-shocked by the news of Trump winning. I sat in the waiting room and stared at the wall. When she called me in, the first thing she asked was how I was doing with the news. Then she told me, "If you ever need anything, if you start to feel bad when you think of him and you need to talk, you can always come here. No appointment necessary." I will not say that, since I've moved away from America, I am now cured or güçlü göründüğüme hayret ediyor. Hatırlıyorum da, 9 Kasım 2016'da, ABD seçimlerinden bir gün sonra yeni Alman doktorumla randevum vardı. Trump'ın kazandığı haberiyle, savaş bunalımından çıkmış gibi bir halde oraya varmıştım. Bekleme odasında gözümü duvara dikmiş oturuyordum. Doktor beni çağırdığında ilk sorduğu şey haberler karşısında nasıl olduğumdu. Sonra dedi ki, "Eğer bir şeye ihtiyacın olursa, eğer onu düşündüğünde kendini kötü hisseder ve biriyle konuşmak istersen, her zaman buraya gelebilirsin, randevu gerekmez." Amerika'dan ayrılınca tedavi oldum, şifa buldum gibi bir şey demeyeceğim ya da benzeri bir sağlamcı sonuç çıkarmayacağım bu hikâyeden, çünkü öyle değil. Hâlâ her gün baş etmem gereken bir kronik hastalığım var ve hâlâ aylarca beni bitiren alevlenmeler yaşıyorum. Diyeceğim tek şey, bedenimi ve onun ihtiyaçlarını karşılayan bir toplum içinde yaşamanın bunun tam tersini yapan bir toplumda yaşamaktan neredeyse söze dökülemez bir şekilde farklılaştığı. Şüphesiz bu farklılık ölçülemez değil, benim yaşayabilmem ile yaşayamamam arasındaki farka denk düşüyor.

4.
Bu metni 2014'te, katlanılamaz bulduğum ama her halükârda katlanmak zorunda olduğum bir gerçekliğin içinde bir hayatta kalma yolu olarak yazmaya koyuldum. Bana "benim" olamazmış gibi gelen bir benliğe tanıklık etmek için yazdım. Nasıl ait olacağımı bilemediğim ama yine de içinde olduğum bir dünyada yerimi bulmanın bir yolu olarak yazdım.

Başlangıçta bu "Hasta Kadın Teorisi" projesini kışkırtan ve ona adını veren birkaç kaynak oldu. Üzerime üşüşen fikirler ve onların hizmetindeki (anlaşamadığım ve eleştirilmesine daha çok ihtiyaç duyduğum) dil, beni yazmak için harekete geçirdi. Her başarılı azmettirici gibi, onlar da öfkemi alevlendirip bende kavga etme isteği doğurdu. Fikir, en başta, hastalık, engellilik ve kırılganlığın, bakım ihtiyacı duyan, ya da bakım ihtiyacı ile tanımlanan, her bireyi -cinsiyeti ne olursa olsun- nasıl *kadınsılaştırdığı* - örneğin daha "zayıf" ve daha "hassas" hale getirdiği- üzerine düşünmekti. Engellilik ve kadınlığın eş-inşası, bunun neden -kimin ve neyin yararına- böyle olduğu (sorusu) boğazımda takılıp kalmıştı. Hastalar zayıftır çünkü hasta olmak dehşetengizdir demek, bana sezgisel olarak pek anlamlı gelmiyordu. Zayıflıkla bir ilgisi yok hastalığın, her şey kan, bok, ıstırap, kusma, iltihap ve ölümle ilgili. Öyleyse, hangi anlatının çıkarı için hasta, tarihsel olarak kadınların zaptındaki bir alana öteleniyor? Kamusal alanın dışında tutulana? Politik kadar okunaklı olmayana?

Bir başka azmettirici ise, Audrey Wollen'ın tarih boyunca kadınsılaştırılmış patolojik durumları kızlar için birer politik protesto biçimine dönüştürmeyi öneren Üzgün Kız Teorisi'ne [Sad Girl Theory] bir cevap geliştirme arzumdu. Üzgün Kız Teorisi'nin beyazlık, güzellik, heteronormativite ve orta sınıfın kaynaklarını merkezine alışını healed or any other ableist conclusion to this narrative, because none of that is true. I still have chronic illnesses that I need to manage every day, and I still have flares that take me out for months. I will say that living in a society that supports my body and its needs has proven almost inexplicably different from living in one that did the opposite. But the difference is not immeasurable—it is the difference between my being able to live or not.

4.

I started writing this text in 2014 as a way to survive a reality that I find unbearable but which nevertheless must be borne. I wrote to bear witness to a self that does not feel like it can possibly be "mine." I wrote as a way to find my way into a world in which I don't know how to belong, and yet here I am.

The early instigation for this project of a "Sick Woman Theory," and how it found its name, arrived from a few sources. I was moved to write mostly because I felt swarmed with ideas, and the language attendant to them, that I disagreed with and wanted more critique around. Like any good instigator, they sparked my fury and made me want to fight. The primary idea was how illness, disability, and vulnerability *feminize*—e.g., render "weaker" and "more fragile"—any person regardless of gender who requires, or is defined by, care. That disability and femininity are co-constructed, and why—what and whom this benefits—got stuck in my throat. It did not intuitively make sense to me to say that the sick are weak because being sick is fucking metal. It has nothing to do with weakness and everything to do with blood, shit, agony, vomit, pus, and death. What narrative does it serve, then, to denigrate the sick to the sphere historically occupied by women? The one kept out of the public sphere? The one not legible as political?

Another instigator was my desire to create a response to Audrey Wollen's "Sad Girl Theory," which proposes a way of redefining historically feminized pathologies into modes of political protest for girls. Critical of Sad Girl Theory's centering of whiteness, beauty, heteronormativity, and middle-class resources, I started to think through the question of what happens to the sad girl who is poor, queer, and not white, when—*if*—she grows up. Although I understand the impulse behind pretty girls taking selfies in hospital gowns in their doctors' offices, I can't help but wince at them. I think about how I waited a year to see a specialist and never did because my insurance wouldn't cover it. I think about how lucky these pretty white sad girls are to be able to afford to go to the doctor at all.

While reading Kate Zambreno's *Heroines* at the time, I felt an itch to fuck with the concept of heroism that gets leveraged by white feminism. I loved the premise of Zambreno's book—a reclaiming of the wives and mistresses of twentieth-century art and literature who'd been institutionalized and/or pathologized as crazy and hysterical for what was essentially their talent—but as I made my way through chapter upon chapter eleştirirken, fakir, kuir ve beyaz-olmayan üzgün kız'a yönelik büyüdüğü zaman (*eğer bu mümkünse*) ne olurdu sorusu üzerine düşünmeye başladım. Her ne kadar güzel kızların, hastane önlüğü içinde, doktorlarının ofisinde selfie çekmelerinin arkasındaki itkiyi anlasam da, onlara yüzümü buruşturmamak elimde değil. Bir uzman hekimle görüşmek için bir yıl boyunca nasıl beklediğimi ve sigortam karşılamadığı için bunu asla gerçekleştiremediğimi düşünüyorum. Bir doktora görünmeye güçleri yeten o güzel beyaz üzgün kızların ne kadar şanslı olduğunu.

Yine o zamanlar, Kate Zambreno'nun *Heroines*'ini [Kadın Kahramanlar] okurken nüfuzunu beyaz feminizmden elde eden şu "kahramanlık" kavramına artık alabildiğine lanet edesim gelmişti. Zambreno'nun kitabının, yirminci yüzyıl sanat ve edebiyatında, aslen kendi yeteneklerinin göstergesi olan şeylerden dolayı deli ya da histerik diye patolojize edilmiş ya da kuruma kapatılmış eşler ve metresleri geri kazanma vaadine bayılmıştım, fakat Zambreno'nun hayli ataerkil normlara dayanan bir kahramanlık algısı üzerinden beyaz kadınlar hakkında yazdığı bölümleri bir bir geçtikçe heyecanımın bildik bir hoşnutsuzluğa dönüştüğünü hissettim. Zambreno'nun kitabının kapağında içinde Simone de Beauvoir, Jane Bowles, Sylvia Plath gibi insanların yer aldığı bir kolaj var, merkezdeyse beyaz olmayan tek kişi olarak Nina Simone duruyor. Ben de Nina'ya dair bölümü bekledim durdum, en sonunda hâlâ gelmeyince kitabı kapatıp öfkemle kavruldum. Geleneksel olarak bir antikahramanın özelliklerine –hastalık, aylaklık, atalet– sahip, büyük bir Teori'nin sembolü olabilecek bir karakter önermek istedim. Ancak, böyle bir başkarakterin normalde ona musallat olacak beyaz üstünlükçülük ve heteronormatif ataerkiden azade olması gerekiyordu bir yandan. Beyaz üst-orta sınıfın "hasta kadın"ı (sick woman) ile, Deirdre English ve Barbara Ehrenreich'ın 1973 tarihli *Complaints and Disorders: The Sexual Politics of Sickness*'ta [Şikâyetler ve Bozukluklar: Hastalığın Cinsel Politikası] tartıştığı, beyaz-olmayan işçi sınıfının "hasta eden kadın"ı (sickening woman) arasında ayrım yapan aygıtların içine dalmak istedim. Sınıfı, ırkı, cinsiyeti ya da sağlamlığına göre yaşamları gözden çıkarılabilir olarak kategorize eden COVID-19'un işlediği soy ıslahı yaklaşımıyla birlikte bunun nasıl ivme kazandığının peşine düşmek istedim.

Tüm azmettiriciler beni öfkelendiren şeylerden gelmedi. Eğer Hasta Kadın Teorisi'nin bir koruyucu anası varsa, Audre Lorde'dur. Onun erotik üzerine yazıları kadar, kanser üzerine yazıları da bu metni biçimlendirdi. Lorde'da beni en çok etkileyen şey, kendini apaçık ortaya koyması, sorularla da olsa, acı ve çaresizlik içinde de olsa, asla bedenini terk etmemesi. Tersine, bedeninin engin kapasitesi, ihtiyaçları ve istekleri, nasıl acıdığı ve zevk aldığı üzerinde diretiyor. Onu en çok, hayatta kalacağı düşünülmeyen kendisi ve diğerlerinin yaşama tutunmasındaki ısrarı nedeniyle seviyorum.

İşte bu azmettiriciler ve koruyucu analar ile Hasta Kadın Teorisi hayatta kalacakları düşünülmeyen, katlanılamaz ama öyle ya da of Zambreno writing about white women through the lens of a normatively patriarchal heroism, I felt my excitement be replaced by a familiar bitterness. The cover of Zambreno's book features a collage of people like Simone de Beauvoir, Jane Bowles, Sylvia Plath—and Nina Simone is front and center, the only person who is not white. I kept waiting for the chapter on Nina, and when it didn't come, I closed the book, simmering with rage. I wanted to propose a figure with traditionally anti-heroic qualities—namely illness, idleness, and inaction—as capable of being the symbol of a grand Theory, but I also wanted to recuperate such a heroine from the white supremacy and heteronormative patriarchy that normally attends her. I wanted to dig into the apparatus that differentiates between the "sick woman" of the white upper class, and the "sickening woman" of the non-white working class, a notion expressed by Deirdre English and Barbara Ehrenreich's 1973 book *Complaints and Disorders: The Sexual Politics of Sickness*. I wanted to follow how this has accelerated, especially under the logic of eugenics wrought by COVID-19, which saw lives categorized as disposable, based on their class, race, gender, and disability.

Not all the instigations came from things that made me furious. If Sick Woman Theory has a guardian godmother, it is Audre Lorde. Her writing on erotics is as formative to this text as her writing on cancer. What so impresses me about Lorde is how she lets herself fall open, with questions as much as in pain and despair, but never abandons her body. Rather, she insists on its capaciousness, what it needs and wants, how it hurts and how it pleasures. I love her most for how she insisted on survival for herself and those who were never meant to survive.

With these instigators and godmothers, Sick Woman Theory was born as a manifesto for those who were never meant to survive, for those who must live in a reality that is unbearable but which nevertheless must be borne. It is for those who are faced with an untenable amount of vulnerability and fragility every day, who have to fight for their experiences to be not only politically valued, but first made visible as such. It's for my fellow sick and crip crew. You know who you are, even if you've not been attached to a diagnosis: one of the aims of Sick Woman Theory is to resist the notion that one needs to be legitimated by an institution, so that they can try to fix you according to their terms. You don't need to be fixed, my queens—it's the world that needs the fixing.

I offer this as a call to arms and a testimony of recognition. I hope that my thoughts can provide articulation and resonance, as well as tools of survival and resilience.

For those of you who are not chronically ill or disabled, Sick Woman Theory asks you to stretch your empathy this way. To face us, to listen, to see. I will ask you not to turn away from the guarantee that you, inevitably, will join us.

böyle katlanmak zorunda oldukları bir gerçekliğin içinde yaşamak zorunda olanlar için bir manifesto olarak doğdu. Bu manifesto, her gün tahammül edilemez miktarda hassaslık ve kırılganlıkla yüzleşenler, kendi deneyimlerinin sadece politik olarak değer görmesi için değil, en başta oldukları gibi görünürlük kazanması için mücadele verenler için. Bu, bizim hasta ve sakat tayfa için. Kim olduğunuzu biliyorsunuz, henüz size bir tanı konmamış olsa da. Hasta Kadın Teorisi'nin amaçlarından biri de, bir kurum tarafından tanınmanız gerektiği ve böylelikle o kurumun şartlarına göre düzeltilmeye çalışılacağınız anlayışına karşı koymak. Düzeltilmeniz gerekmiyor güzellerim, düzeltilmesi gereken dünya.

Ben bunu bir seferberlik çağrısı ve bir tanınma beyanı olarak öneriyorum. Umarım düşüncelerim bir ifade alanı sunup yankı bulabilir, birer hayatta kalma ve dayanıklılık aracı olabilir.

Siz kronik hastalığı ve engelliliği olmayanlar, Hasta Kadın Teorisi sizden empatinizi bu yöne doğru genişletmenizi istiyor. Bizimle yüzleşmenizi, bizi dinlemenizi, görmenizi. Sizden, öyle ya da böyle, bize katılacağınız gerçekliğine yüz çevirmemenizi isteyeceğim.

5.

Hasta Kadın Teorisi, çoğu politik protesto biçiminin, içselleştirilmiş, yaşanmış, bedenselleşmiş, ıstıraplı ve bu sebepten ötürü de görünmez olduğuna ilişkin bir ısrar. Hasta Kadın Teorisi, Judith Butler'ın kırılganlık ve direniş üzerine çalışmasını takip ederek bir bedenin içinde var olmayı öncelikle ve daima hassas bir şey olarak yeniden tanımlıyor. Butler'ın önermesi bedenin, kendi kırılganlığından geçici olarak etkilendiğinde değil, onun tarafından tanımlandığında ısrar ediyor. Buradan çıkan, bedenin dayanabilmek için devamlı surette destek altyapılarına ihtiyaç duyduğu ve dolayısıyla bizlerin de dünyayı bu hakikat etrafında yeniden şekillendirmemiz gerektiği. Hasta Kadın Teorisi, beden ve zihnin baskı rejimlerine -özellikle bugün geçerli olan neoliberal, beyaz-üstünlükçü, emperyal-kapitalist, cis-hetero-patriarkal rejime- karşı duyarlı olduğu ve onlara tepki gösterdiğinden yola çıkıyor. Hasta Kadın Teorisi, hepimizin bedenleri ve zihinlerinin zulmün tarihsel travmalarını taşıdığını ve her birimizde kendini farklı şekillerde gösterse de, bu farklılıkların silinip düzleştirilerek herhangi bir şekilde tektipleştirilmemesi gerektiğini savunuyor. Hasta Kadın Teorisi'ne göre bizi hasta eden ve hasta tutan dünyanın kendisi.

Bu çalışmanın özne konumuna "kadın" kavramını almak stratejik, herkesi kapsayan bir kucaklayış ve evrenselden ziyade özele adanmış bir şey. Her ne kadar "kadın" kimliği pek çoklarını (özellikle beyaz-olmayan kadınları ve trans, non-binary ve akışkan cinsiyet kimliğine sahip kişileri) dışlamış ve görünmezleştirmiş olsa da kullanmayı tercih ediyorum, çünkü kadın hâlâ bakıl-mayan, ikincil olan, baskılanan, -olmayan, -sız, -dan az'ı

5.
Sick Woman Theory is an insistence that most modes of political protest are internalized, lived, embodied, suffering, and therefore invisible. Sick Woman Theory redefines existence in a body as something that is primarily and always vulnerable, following from Judith Butler's work on precarity and resistance. Because Butler's premise insists that a body is defined by its vulnerability, not temporarily affected by it, the implication is that it is continuously reliant on infrastructures of support in order to endure, and so we need to re-shape the world around this fact. Sick Woman Theory maintains that the body and mind are sensitive and reactive to regimes of oppression—particularly our current regime of neoliberal, white-supremacist, imperial-capitalist, cis-hetero-patriarchy. Sick Woman Theory argues that all of our bodies and minds carry the historical trauma of oppression, and that, although they manifest in each of us differently, these differences ought not to be erased or flattened into any totalizing condition. Sick Woman Theory claims that it is the world itself that is making and keeping us sick.

To take the term "woman" as the subject-position of this work is a strategic, all-encompassing embrace and dedication to the particular, rather than the universal. Though the identity of "woman" has erased and excluded many (especially women of color and trans/nonbinary/genderfluid people), I choose to use it because it still represents the un-cared-for, the secondary, the oppressed, the non-, the un-, the less-than. The problematics of this term will always require critique, and I hope that Sick Woman Theory can help undo those problematics in its own way. But more than anything, I'm inspired to use the word "woman" because I saw this year how it can still be radical to be a woman in the twenty-first century. I use it to honor a dear friend of mine who came out as genderfluid in her mid-thirties. For her, what mattered the most was to be able to call herself a "woman," to use the pronouns "she/her." She didn't want surgery or hormones; she loved her body and her big dick and didn't want to change any of it—she only wanted the word. That the word itself can be an empowerment is the spirit in which Sick Woman Theory is named.

The Sick Woman is an identity and body that can belong to anyone denied the privileged existence—or the cruelly optimistic promise of such an existence—of the white, straight, healthy, neurotypical, upper and middle-class, cis- and able-bodied man who makes his home in a wealthy country, has never not had health insurance, and whose importance to society is everywhere recognized and made explicit by that society, whose importance and care dominates that society, at the expense of everyone else.

The Sick Woman is anyone who does not have this guarantee of care.

temsil ediyor. Bu kavrama ait sorunsallar her daim eleştiriyi hak ediyor, ben de Hasta Kadın Teorisi'nin kendi yordamıyla bu sorunsalları telafi etmesini umuyorum. Fakat her şeyden öte, "kadın" kelimesini kullanmaya istekliyim çünkü bu sene, kadın olmanın yirmi birinci yüzyılda hâlâ nasıl radikal olabildiğini gördüm. Bu kelimeyi, otuzlarının ortasındayken akışkan cinsiyete sahip biri olarak açılan çok sevgili bir arkadaşımı onurlandırmak için kullanıyorum. Onun için en önemlisi kendini bir "kadın" olarak adlandırmak, "*she/her*" kişi zamirlerini kullanabilmekti. Ameliyat olmak ya da hormon kullanmak istemedi, kendi bedenini ve büyük penisini seviyor ve hiçbir şeyini değiştirmek istemiyordu – sadece o kelimeyi istiyordu. Kelimenin kendisinin bir güçlendirici olmasından ilhamla Hasta Kadın Teorisi kendini adlandırdı.

Hasta Kadın, bir kimlik ve beden olarak –beyaz, hetero, zengin, nörogelişimsel bozukluğu olmayan, üst ve orta sınıf, cis ve sağlam erkek, zengin bir ülkede yaşayan ve hiçbir zaman sağlık sigortasız kalmamış, toplum için kıymeti her yerde tanınan ve o toplum tarafından belirginleştirilen, önemi ve bakımı diğer herkesin pahasına topluma egemen olan– ayrıcalıklı varoluş (ya da acımasız bir iyimserliğin öylesi bir varoluşa dair vaadi) tarafından reddedilmiş herhangi birine ait olabilir.

Hasta Kadın, bakım güvencesine sahip olmayan herhangi biridir.

Hasta Kadın'a bakım aslında –kontrol, gözetim ve tahakkümü maskeleyen– bir soy ıslahı aracı olarak verilir.

Hasta Kadın'a bu toplumda onun hayatta kalmasının önemli olmadığı söylenir.

Hasta Kadın, bütün o "işlevsiz", "tehlikeli" ve "tehlikede", "fena hırpalanmış", "çatlak", "onulmaz", "travmatize", "bozuk", "hastalıklı", "kronik", "sigorta kapsamına alınamaz", "zavallı", "arzulanmayan" ve en nihayetinde yine "işlevsiz" bedenlere sahip kadınlar, Siyah ve Yerli insanlar ve beyaz-olmayanlar, fakir, hasta, nöroatipik, engelli, kuir, trans ve cinsiyeti akışkan kişilerdir. Bu kişiler, tarih boyunca patolojize edilmiş, hastaneye kaldırılmış, kuruma kapatılmış, gaddarca muamele görmüş, "zapt edilemez" ilan edilmiştir ve böylelikle kültürel olarak gayrimeşru ve politik olarak görünmez kılınmıştır.

Hasta Kadın toplumun COVID'e ilk sırada feda ettiği yaşlı ve zaten hasta insanlardır.

Hasta Kadın, umumi tuvalet kullanırken kendisini bekleyen şiddetten dolayı panik ataklar geçiren Siyah bir trans kadındır.

The Sick Woman is the person upon which care that is in fact a tool of eugenics—care that masks control, surveillance, and domination—is inflicted.

The Sick Woman is told that, to this society, her survival does not matter.

The Sick Woman is all of the "dysfunctional," "dangerous" and "in danger," "badly behaved," "crazy," "incurable," "traumatized," "disordered," "diseased," "chronic," "uninsurable," "wretched," "undesirable" and altogether "dysfunctional" bodies belonging to women, Black and Indigenous people and people of color, poor, ill, neuro-atypical, disabled, queer, trans, and genderfluid people, who have been historically pathologized, hospitalized, institutionalized, brutalized, rendered "unmanageable," and therefore made culturally illegitimate and politically invisible.

The Sick Woman is the elderly or already-sick person that society fed to COVID first.

The Sick Woman is a Black trans woman having panic attacks while using a public restroom, in fear of the violence awaiting her.

The Sick Woman is the child of parents whose indigenous histories have been erased, who carries in their body the trauma of generations of colonization and violence.

The Sick Woman is a homeless person, especially one with any kind of disease and no access to treatment, and whose only access to mental-health care is a seventy-two-hour hold in the county hospital.

The Sick Woman is a mentally ill Black woman whose family called the police for help because she was suffering an episode, and who was murdered in police custody, and whose story was denied by everyone operating under white supremacy. Her name is Tanesha Anderson.

The Sick Woman is a fifty-year-old gay man who was raped as a teenager and has remained silent and shamed, believing that men can't be raped.

The Sick Woman is a disabled person who couldn't go to the lecture on disability rights because it was held in a venue without accessibility.

The Sick Woman is a white woman with chronic illness rooted in sexual trauma who must take painkillers in order to get out of bed.

Hasta Kadın, yerli geçmişleri ortadan kaldırılmış ebeveynlerin çocuğudur, jenerasyonlar boyu aktarılmış sömürü ve şiddetin travmasını bedeninde taşıyan biridir.

Hasta Kadın bir evsizdir ve bilhassa herhangi bir hastalığı olan ama tedaviye erişemeyen, ruh sağlığı hizmetlerine erişimi ise yetmiş iki saat belediye hastanesine kaldırılmaktan ibaret biridir.

Hasta Kadın, ruhsal sıkıntıları olan Siyah bir kadındır; psikotik bir epizot geçirdiği sırada ailesi yardım için polisi çağırır, ardından polis gözetimindeyken öldürülür ve hikâyesi beyaz üstünlüğü altında çalışan herkes tarafından inkâr edilir. Onun adı Tanesha Anderson'dır.

Hasta Kadın, henüz bir ergenken tecavüze uğramış, erkeklere tecavüz edilemeyeceğine inanarak utanç ve suskunluk içinde yaşamış elli yaşında gey bir erkektir.

Hasta Kadın, engelli erişimi sağlanmamış bir mekânda yapıldığı için, engelli hakları üzerine düzenlenen bir sunuma gidemeyen bir engellidir.

Hasta Kadın, cinsel travmadan kaynaklanan kronik hastalığa sahip beyaz bir kadındır, yataktan çıkabilmek için ağrıkesiciler almaya mecburdur.

Hasta Kadın, çocukluğundan beri ilaçla tedavi (kontrol) edilmiş depresyonla yaşayan hetero bir erkektir, şimdiyse işinin gerektirdiği haftada altmış saatlik mesai boyunca çalışmaya çabalamaktadır.

Hasta Kadın, kronik hastalık tanısı olan biridir, aile ve arkadaşları tarafından sürekli daha fazla egzersiz yapması öğütlenir.

Hasta Kadın, beyaz-olmayan kuir bir kadındır; aktivizmi, zekâsı, öfkesi ve depresyonu, beyaz toplum tarafından kişiliğinin nahoş özellikleri olarak görülür.

Hasta Kadın, yıllardır terapi alsa da, tüm çocukluk travmalarını deşmesine rağmen terapistinin bir kez bile kapitalizmi çektiği acıların bir sebebi olarak ele aldığına tanık olmamıştır.

Hasta Kadın, polis gözetiminde öldürülmüş Siyah bir adamdır, resmi kayıtlarda kendi omurgasını kırdığı iddia edilir. Adı Freddie Gray'dir.

Hasta Kadın, VA'de [Gazi İşleri] bir doktor görebilmek için aylarca sıra bekleyen TSSB ile mücadele eden bir gazidir.

The Sick Woman is a straight man with depression who's been medicated (managed) since early adolescence and now struggles to work the sixty hours per week that his job demands.

The Sick Woman is someone diagnosed with a chronic illness, whose family and friends continually tell them they should exercise more.

The Sick Woman is a queer woman of color whose activism, intellect, rage, and depression are seen by white society as unlikeable attributes of her personality.

The Sick Woman has been in therapy for years with a therapist who tunnels into her every childhood trauma but has not once brought up capitalism as a cause of her suffering.

The Sick Woman is a Black man killed in police custody, and officially said to have severed his own spine. His name is Freddie Gray.

The Sick Woman is a veteran suffering from PTSD on the months-long waiting list to see a doctor at the VA.

The Sick Woman is a single mother, emigrated without papers to the "land of the free," shuffling between three jobs in order to feed her family, and finding it harder and harder to breathe.

The Sick Woman is the refugee.

The Sick Woman is the abused child.

The Sick Woman is the neuroatypical person whom the world is trying to "cure."

The Sick Woman is the starving.

The Sick Woman is the dying.

And, crucially: The Sick Woman is who capitalism needs to perpetuate itself.

Why?

Because to stay alive, capitalism cannot be responsible for our care—its logic of exploitation requires that some of us die.

"Sickness" as we speak of it today is a capitalist construct, as is its perceived

Hasta Kadın "özgürlükler ülkesi"ne düzensiz yollardan göç etmiş yalnız bir annedir; ailesini geçindirmek için üç iş arasında mekik dokur, nefes almak her geçen gün daha da zorlaşır.

Hasta Kadın bir mültecidir.

Hasta Kadın istismara uğramış bir çocuktur.

Hasta Kadın, tüm dünyanın "iyileştirmeye" çalıştığı nöroatipik bir bireydir.

Hasta Kadın açlık çeker.

Hasta Kadın ölür.

Ve en önemlisi, Hasta Kadın, kapitalizmin kendini idame ettirmek için ihtiyaç duyduğu kişidir.

Neden?

Çünkü hayatta kalmak için bizim bakımımızdan kapitalizm sorumlu olamaz – onun sömürü mantığı bazılarımızın ölmesini gerektirir.

Bugün bahsettiğimiz biçimde "Hastalık" kapitalist bir kurgudur; onun karşıtıymış gibi algılanan "esenlik" de öyle. Kapitalizmde "iyi" insan, işe gidecek kadar iyi olan insandır. "Hasta" insan ise çalışacak kadar iyi olmayan. Esenliği, varsayılan ve varoluşun standart hali olarak kabul etmenin yıkıcı olan kısmı ise, bunun hastalığı geçiciymiş gibi kurgulamasıdır. Hasta olmak norm için bir tiksinti haline geldiği zaman, bakımı ve desteği de aynı biçimde düşünmemiz muhtemel olur.

Bakım ve destek, bu kurguda sadece bazen gereklidir. Hastalık geçici olduğunda bakım ve destek de normal değildir.

Buyurun bir egzersiz: Aynaya gidin ve kendi yüzünüze bakarak şunu yüksek sesle söyleyin: "Sana bakım vermem normal değil. Bunu sadece geçici olarak yapabilirim."

Kendine bunu söylemek, dünyanın sürekli tekrar ettiği şeyin ancak bir yankısı olacaktır.

Peki bunun tam tersini söylemeye karar verirsek ne olurdu?

6.
Eskiden elimizde kalan en antikapitalist eylemin aşkla, bilhassa da aşk şiirleriyle ilgili olması gerektiğini düşünürdüm; bir aşk şiiri yazıp onu arzuladığın birine vermek radikal bir direniş gibi görünürdü bana. Şimdi anlıyorum da yanılıyormuşum.

En antikapitalist eylem bir başkasına bakmak ve kendine

binary opposite, "wellness." Under capitalism, the "well" person is the person well enough to go to work. The "sick" person is the one who is not well enough to work.

What is so destructive about this conception of wellness as the default, as the standard mode of existence, is that it invents illness as temporary. When being sick is an abhorrence to the norm, it allows us to conceive of care and support in the same way.

Care and support, in this configuration, are only required sometimes. When sickness is temporary, care and support are not normal.

Here's an exercise: go to the mirror, look yourself in the face, and say out loud: "To take care of you is not normal. I can only do it temporarily."

Saying this to yourself will merely be an echo of what the world repeats all the time.

What would happen if we decided to say the opposite?

6.
I used to think that the most anti-capitalist gestures left had to do with love, particularly love poetry: to write a love poem and give it to the one you desired, seemed to me a radical resistance. But now I see I was wrong.

The most anti-capitalist protest is to care for another and to care for yourself. To take on the historically feminized and therefore invisible practice of nursing, nurturing, caring. To take seriously each other's vulnerability and fragility and precarity, and to support it, honor it, empower it. To protect each other, to enact and practice a community of support. A radical kinship, an interdependent sociality, a politics of care.

Because, once we are all ill and confined to the bed, sharing our stories of therapies and comforts, forming support groups, bearing witness to each other's tales of trauma, prioritizing the care and love of our sick, pained, expensive, sensitive, fantastic bodies, and there is no one left to go to work, perhaps then, finally, capitalism will screech to its much needed, long-overdue, and motherfucking glorious halt.

This text is adapted from the lecture, "My Body Is a Prison of Pain so I Want to Leave It Like a Mystic But I Also Love It & Want It to Matter Politically," delivered at Human Resources, sponsored by the Women's Center for Creative Work, in Los Angeles, on October 7th, 2015.

bakmaktır. Tarihsel olarak dişileştirilmiş ve böylelikle görünmezleştirilmiş iyileştirme, besleme, bakma pratiğini üstlenmek. Birbirimizin kırılganlığını, incinebilirliğini ve güvencesizliğini ciddiye almak, desteklemek, onurlandırmak ve güçlendirmek. Birbirini korumak, bir destek topluluğu oluşturmak ve bunu uygulamaya geçirmek. Radikal bir yakınlık, karşılıklı bağlılığı olan bir sosyallik, bir bakım politikası.

Çünkü ne zaman ki hepimiz yatağa bağlanır, terapi ve teselli hikâyelerimizi paylaşır, destek grupları kurar, birbirimizin travma hikâyelerine tanıklık eder, hasta, ağrılı, masraflı, duyarlı, fantastik bedenlerimize sevgi göstermeye ve bakmaya öncelik veririz ve ne zaman ki işe gidecek kimse kalmaz, belki o zaman, kapitalizm, o çoktandır beklediğimiz, gecikmiş, kahrolası ihtişamdaki sonuna feryat figan gidiyor olur.

Bu metin Johanna Hedva'nın 7 Ekim 2015 tarihinde, Women's Center for Creative Work, Los Angeles'ta yaptığı "My Body Is a Prison of Pain so I Want to Leave It Like a Mystic But I Also Love It & Want It to Matter Politically" [Bedenim Bir Acı Zindanı, Bu Yüzden Onu Bir Mistik Gibi Bırakıp Gitmek İstiyorum Ama Ona Vurgunum da ve Politik Olarak Bir Anlamı Olsun İstiyorum] başlıklı sunumundan uyarlanmış, önceki versiyonunun çevirisi 5harfliler tarafından yayımlanmıştır (13 Nisan 2021).

Çeviren: Pelin Çakır

1. Metnin orjinalinde kullanılan "white-passing" kelimesi beyaz-olmayan kişilerin beyazlar tarafından beyaz olarak kabul görmesi anlamına geliyor -çn.
2. Metinde geçen psikolojik terimlerden "depersonalizasyon" benlik yitimi, kendine yabancılaşma; "derealizasyon" çevreye yabancılaşma; "dissosiyasyon" ise çözülme, kimlik, bellek, algı ve duyuların bütünlüğünün bozulması anlamına gelmektedir -çn.

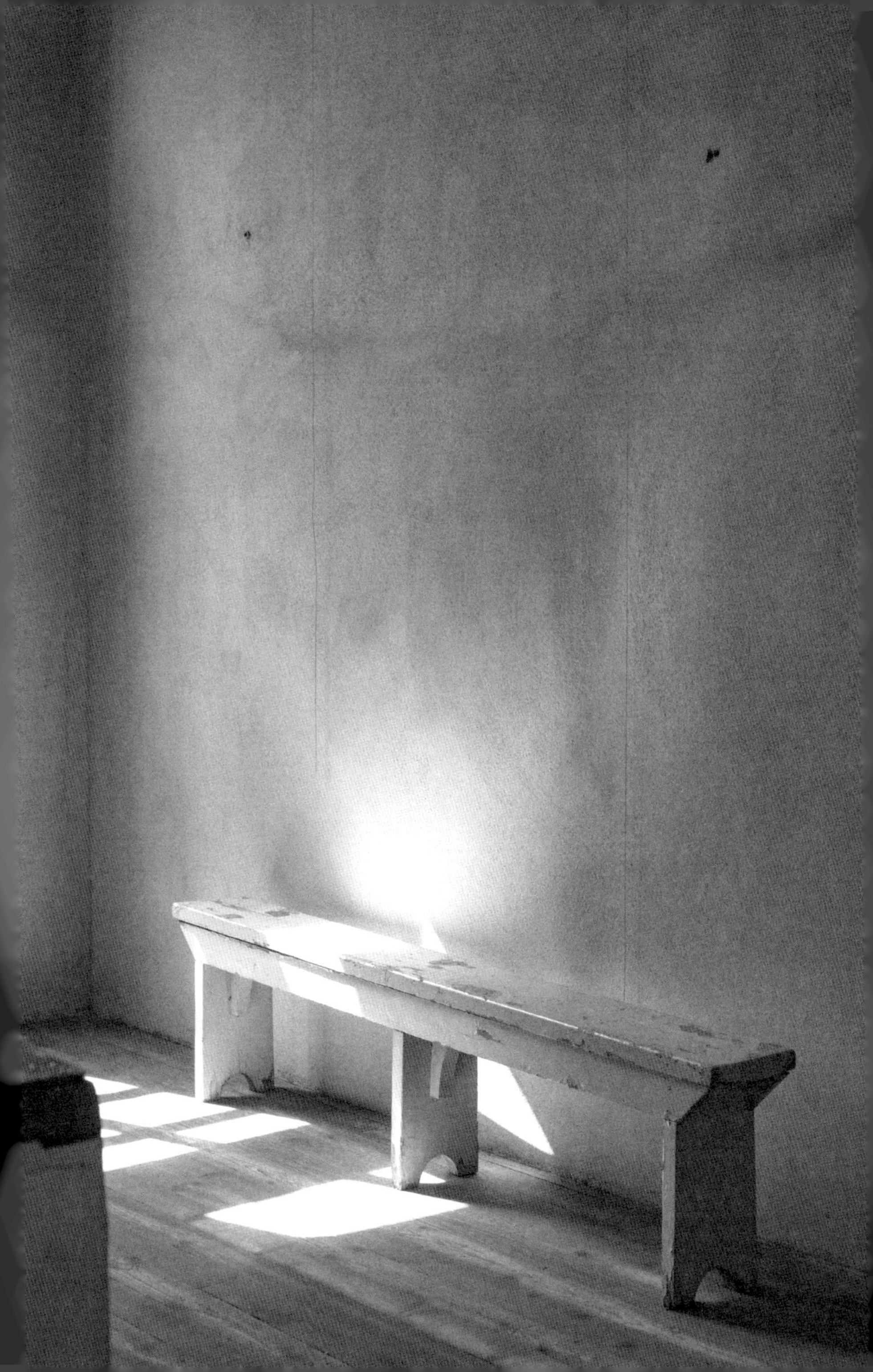

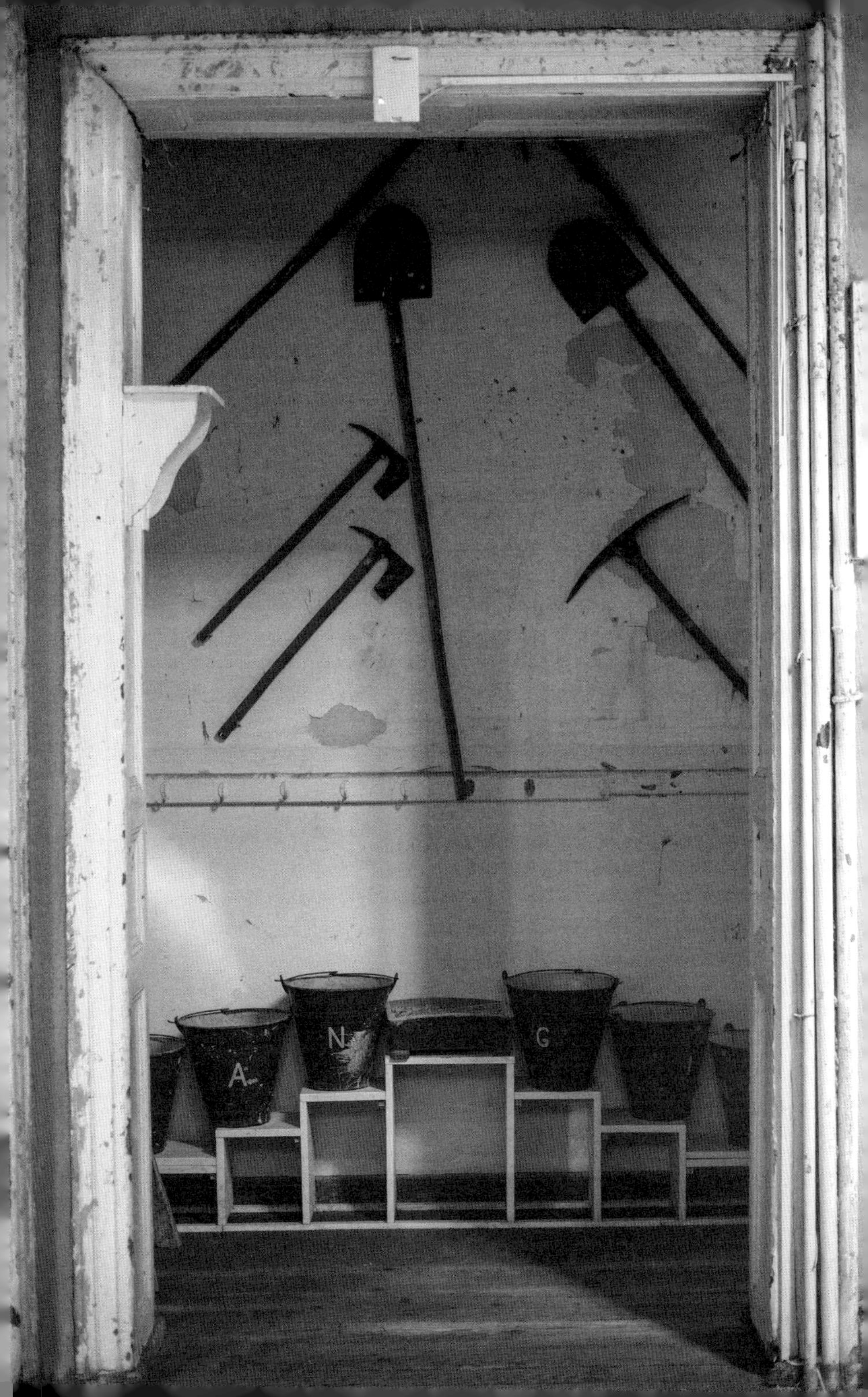
A
N
G

Adelita Husni-Bey

Bir Toplanma Pratiği

Bu yazı *Movement Research Journal* tarafından sipariş edilmiştir.

Performans bir toplanma edimiyle ortaya çıkar. Dahası, performans, felsefe ve siyaset eğitimi arasında birbirine geçmiş bir ilişki vardır, öyle ki pedagoji toplanma, cisimleştirme, performans ve rol oynama yoluyla dünyalaştırma edimlerini sahnelemenin bir yolu gibi düşünülebilir. Zaman zaman bu dünyalar gayrimeşru bir şey, önceden tahayyül edilemeyen bir şey meydana getirip hatırlatabilir. Yaptığım çalışmalarda, katılımcılar kendi dünyalaştırma edimlerini benim davetim ve rehberliğimde yürütüyorlar. Hesaplanmış risk mefhumuna karşı, bir araya geldiğimizde neler olabileceğinin ölçülemezliğine dalmış bir halde buluşuyor ve toplanma alıştırması yapıyorlar.

İşe toplanma üzerine düşünmekle başlamak istiyorum – Ayin için ya da protestolarda bir araya gelmeyi, bir fırtınadan önce toplanan bulutları, ip yapmak için birlikte örülen sicimleri düşünüyorum. Aktif bir fiil olarak toplanma, her şeyi bir noktaya doğru hareket ettiren bir güç gerektiriyor. Bir gönüllülüğe ve arzuya işaret eden bu çekilme, toplanmanın temel özelliği gibi görünüyor. Toplanma biçimleri pandemiyle birlikte (eşit olmayan bir şekilde) değişse de, toplanma pratiği ve gücü yoğunlaştı. Yoksullaştırmanın şiddeti karşısında verilen mücadeleler George Floyd cinayetinin ardından daha görünür, hazır ve aktif bir hal aldı. Boş evlerin kullanım hakkını talep eden başarılı kampanyalar, bu krizin ceremesini çeken temel hizmet çalışanlarının dinlenme hakları ve maaşları hakkında çağrılar, bildiğimiz haliyle polisin, kiraların ve işin ilgası üzerine yeniden yapılanmış kolektif çağrılar gördük. Aşağıdaki beş bölüm toplanma fikri etrafında şekillendi. Metni ilk kez Kasım 2020'de, California Santa Cruz Üniversitesi Film ve Dijital Medya Fakültesi'nde yaptığım bir konuşma şeklinde sundum ve bir dua gibi hayal ettim aslında.

A Practice of Gathering

The piece was commissioned by *Movement Research Journal.*

Performance emerges through and as an act of gathering. There is, furthermore, an intertwined relationship between performance, philosophy, and political education, such that pedagogy can be understood as a way of staging acts of worlding through gathering, embodiment, performance, and roleplay. At times, these worlds constitute and conjure something illicit, something that cannot be prefigured. In my work, participants commit their own acts of worlding under my invitation and guidance. They convene and practice gathering against the notion of calculated risk, immersed in the incommensurability of what can happen when we come together.

I want to start by thinking about gathering—coming together for Mass or in protest, clouds building up before a storm, or strings being wound together to make rope. Gathering, as an active verb, requires a force that moves everything toward a point. That pull, which is indicative of a willingness and a desire, seems to be the central trait of gathering. While ways for gathering have been (unevenly) altered by the pandemic, the practice and power of gathering has intensified. Struggles against the violence of immiseration have become more visible, present, and active in the wake of George Floyd's murder. We have seen successful campaigns to reclaim vacant homes; calls for rest and pay by essential workers who bear the brunt of this particular crisis; and reconfigured collective calls to abolish the police, rent, and work as we know it. The following five sections are framed by the idea of gathering. When I first presented this text as a talk for the Film and Digital Media Department at the University of California Santa Cruz in November 2020, I imagined it as a kind of litany.

1.
Geçen haziranda annemi kaybettikten sonra, kederin okyanusumsu şekline büründü her şey. Benim kederim dünyaya uzanmıyordu da, dünya keder kapasitesini bana açıyordu âdeta. Hane halkları normalde ölünün bedeni etrafında toplanırken, pandeminin cesetsiz matemlerinin kederin temsili mahremiyetini patlatıp başka bir tür koroya dönüştürme kapasitesi var. Bu geçici ve tarihi kitlesel ölüm momenti -kederlenecek hiçbir şey sunmayan grafikler ve verilerle silinerek gelen ölüm- gözden çıkarılabilir addedilenlere ve ölüleri teslim edilmeyen ailelere dayatılan hesaba gelmez bir kayıp ve hasarla sürtüşüyor. Peki bu bireyselleşmiş keder patlaması, en azından özel cenaze törenlerinin olamadığı bu ara zamanda, hane halkını genişletmenin de bir yolu olabilir mi?

2020 yılının Şubat'ıyla Haziran'ı arasında, anneme kanser teşhisi konmasıyla ölümü arasındaki aylarda, bakıcıları ve ben Milano'daki evinde toplandık. Çocukken kaldığım yatak odasındaki ranzayı benimle birlikte gece vardiyasına kalan Yangkyi'yle paylaşıyor, gün ağardıktan kısa bir süre sonra gelen Veronica'yı bekliyorduk. Ücretli emek, üstüne aile kanı emeği, üstüne hastaya bakarken harcanan sevgi emeği. *Oikos*, aile, ekonomik birim, babasız kalmış patriarkal ev, artık bizim tarafımızdan mesken tutuluyordu. Birimiz dinlenirken diğerleri odalara girip çıkıyor, bakım işinin çatlaklarında var olmanın riskini hesaplıyordu itinayla. İş birliğinde, sevgide, tükenmişlikte toplanmıştık.

Keder kapasitesinin Covid-19'la hamlaşan ve iyice belirginleşen bu tezahürü, kapitalizmin hesaplanmış risk işlemlerinin sonucudur - Ruth Wilson Gilmore'un "organize terk" şeklinde tanımladığı şeye yol açan planlanmış risk alma biçimlerinin. Annem gibi hayat boyu engelleriyle yaşayan, bağışıklık yetmezliği olan insanlar için bu durum hem normal hayatlarında hem de, özellikle, hastane odalarında bir gerçekliktir. Annem hastanedeyken bana onun bireysel "hayat kalitesi" soruldu (ki bunun her nasılsa sabit ve benim karar vermem beklenen bir şey olduğu düşünülüyordu). Annemin hayat kalitesi a) iyi b) yeterli c) kötü müydü? Doktorun soruları hastanenin imkânlarıyla alakalıydı: Kaç yatak vardı? Hastaların bakımına ne kadar para ayrılmıştı? Kamu sağlığının özel sektörde kâr zarar üzerinden yeniden yapılandırılmasının, içinde bulunduğumuz, karşı karşıya durduğumuz, dünyada zahiri kederi hissettiğimiz muşamba döşeli servisi nasıl etkilediğiyle alakalıydı aslında.

2.
Delaware Üniversitesi'nde afet çalışmalarına odaklanan sosyolog Charles E. Fritz felaketler karşısındaki toplumsal tepkilere dair bir teori geliştirdi. Fritz ortaya çıkan "mağdur cemaatlerinin", doğal afetlerle başa çıkarkenki müşterek deneyimler üzerine kurulu, kendine özgü bir "etkileşimli patern" yarattığını gözlemlemişti. Mağduriyetle şekillenen bu cemaat, Fritz'in

1.

After I lost my mother last June, everything took the oceanic shape of grief. It was not as if my grief extended into the world, but as if the world had made manifest its capacity for grief to me. While households routinely gather around the body of the dead, a pandemic's wake without bodies has the capacity to explode the nominal intimacy of grieving into another kind of choir. This transitory, historical moment of mass death—death by erasure through graphs and datasets that offer nothing to grieve—rubs against the incalculable loss and injury enacted on those who are deemed expendable and on the families who are denied their deceased. Is this exploding of individualized grief also a way of expanding the household, at least in the interregnum when there can be no private funerals?

Between February and June 2020, the months between my mother's cancer diagnosis and her death, her care workers and I gathered at her house in Milan. I shared a bunk bed in my childhood bedroom with Yangkyi, who worked half of the night shift with me, while waiting for Veronica, who arrived every day shortly after dawn. Waged labor, stacked on top of blood-family labor, stacked on top of the labor of love of caring for the sick. The *oikos*, the family, the economic unit, the patriarchal home left without a father, now inhabited by the four of us. One rests, while the others clock in and out of rooms, carefully calculating the risk of existing in the cracks of their care work. Gathered in communion, in love, in exhaustion.

This manifest capacity for grief, rendered raw and thrown into relief by COVID-19, is a result of capitalism's operations of calculated loss—planned forms of risk-taking that lead to what Ruth Wilson Gilmore describes as "organized abandonment." For immunocompromised people with life-long disabilities, like my mother, this reality was true in life, and very true in the hospital room where I was asked if her individual "quality of life" (which was somehow supposed to be constant and which I, not she, was expected to judge) was: a) good, b) satisfactory, or c) bad. The doctor's question had to do with resources: How many beds were available? How much money had been allocated to care for the sick? It had to do with how the private restructuring of public health along lines of profitability had impacted the linoleum-clad department we were standing in, in front of each other, feeling the manifest grief of the world.

2.

Charles E. Fritz, a sociologist at the University of Delaware with a research focus on the study of disasters, developed a theory of social responses to calamity. Fritz observed that an emergent "community of sufferers" creates a unique "interactional pattern" based on the shared experience of coping with natural disaster.[1] This community, which was forged through suffering, relates in a way that Fritz found to be "therapeutic." They practice mutual "sağaltıcı" bulduğu şeyle alakalı bir bakıma. Karşılıklı ve kurumsallaşmış yardımlarda bulunuyor, örneğin, insanları enkazlardan kurtarmak ya da ev eşyalarını çıkarmak, hasarlı yolları onarmak ve kolektif bir şekilde olayları anlatılaştırmak için birlik oluyorlar.

Bu felaketin dokusunun, yasını tutacak bedenlerin yokluğunda yapılan cenaze törenlerinin ötesinde, daha uzun bir tarihi ve kökeni var. Mevcut pandemi, karantinanın neoliberalizmin dayattığı önceden var olan biçimlerini, ayrı ayrı ve hayatta kalmak için rekabete dayalı gündeliği tesis eden cordon sanitaire'i ortaya seriyor. Bu pandemi boyunca hem terklere hem de tersine, birbirimize dolanmış olduğumuzu teslim eden küresel tepkilere tanık olduk. Kararnameler yoluyla en savunmasızları feda etmeye yönelik resmi çağrılar (değişen ölçek ve derecelerdeki) yardımlaşma ağlarının, kendiliğinden örgütlenen kreşlerin, kolektif bir şekilde geliştirilen ve paylaşılan çevrimiçi müfredatların, hapishane isyanlarının, avlulardaki komşulardan müteşekkil geçici balkon korolarının direnişiyle karşılanmaya devam ediyor. Tarihsel olarak toplumsal mesafenin bir biçimi olan karantina aynı zamanda tersini, yenilenmiş, sağaltıcı bir toplanma pratiğini de yaratmış olabilir mi?

Fritz'in aksine, İtalyan komünist Amadeo Bordiga doğal afetlerde hiç "doğal" bir şey görmüyor, kapitalizmin "felaketlere dayalı bir ekonominin" gelişimini hükmü altına aldığında ısrar ediyordu. 1951'de yazdığı kadarıyla, 1911'de Napoli'deki kolera salgını boyunca ya da 1908'de Reggio ve Messina'yı vuran depremlerde yaşanan binlerce ölüm belli tahakküm ilişkilerini güçlendirmişti yalnızca. Kameralara poz vermek için nehir kenarına dizilen pırıl pırıl lastik çizmeleri içindeki hükümet görevlileri, diyordu Bordiga, Devlet'e beton döküyor; zenginlerin bol keseden yardımları hayırseverliğin işlevine ve gücüne beton döküyor; daha fazla beton dökme peşindeki müteahhitler evleri ve insanları dağ yamaçlarından aşağı sürükleyen çamur sellerini görünce heyecanla doluyor. Her felaket sağaltıcı olabiliyorsa da, her felaket daha fazla sömürme ve yoksullaştırma fırsatı aynı zamanda. Fritz'e göre felaket esnasında ve sonrasında toplandığımızda acılarımız ve ihtiyaçlarımız bizi birbirimize bağlıyorsa, Bordiga'ya göre felaket bizi birbirimize ihtiyaçlarımızın sınıfsal konumumuzun ifadesi olduğu ölçüde bağlıyor ancak. Bordiga felaketlerin doruğunda ihtiyaçların yoğunlaşmasının, siyaseten, facianın kökünün "doğada" değil, binaların ikinci sınıf malzemeyle ya da setlerini kırdığı bilinen nehirlerin çok yakınında inşa edildiği gerçeğinde konumlandığı anlaşılırsa daha iyi ele alınabileceğini düşünüyordu.

Yakın zamanda, işlerinin fedakârlıkla aynı kefeye konması ve alkışlarla ödüllendirilmesi gerektiği yollu yeni fikirlerden duydukları rahatsızlığı tartışan sağlık çalışanları için düzenlenen bir atölyede moderatörlük yaptım. Bir hemşire Mart 2020'de hastane yönetiminin uzaktan çalışmak üzere eşyalarını topladığı günü anlattı. Akşamüstü bomboş kalan üst and institutionalized aid, joining together, for example, to rescue people or retrieve household objects from the rubble, to repair damaged roads, and to collectively narrativize the events.

The texture of this disaster has a longer history and origin, beyond the wakes bereft of bodies to grieve. The current pandemic exposes pre-existing forms of quarantine imposed by neoliberalism, a *cordon sanitaire* that institutes everyday life in separation and in competition for survival. Throughout this pandemic, we have witnessed both abandonment and its opposite, global responses that recognized our mutual entanglement. Official calls to sacrifice the most vulnerable by decree continue to be met with resistance through the sustained generation of mutual aid networks (of varying scale and degree), self-organized nurseries, collectively developed and shared online syllabuses, prison revolts, fleeting balcony choirs formed by neighbors across courtyards. Could quarantine, historically a form of social distancing, also engender its opposite—a renewed, therapeutic practice of gathering?

Contrary to Fritz, Italian communist Amadeo Bordiga saw nothing "natural" in natural disasters. Bordiga insisted that capitalism had mastered the development of an "economy based on disasters." The thousands of deaths during the cholera epidemic in Naples in 1911, or the earthquakes that struck Reggio and Messina in 1908, he wrote in 1951, only amplified a set of specific relations of domination.[2] Government officials in gleaming rubber boots who line riverbanks for photo ops, Bordiga noted, cement the State; abundant charity from the rich cements the function and power of philanthropy; contractors looking to pour more concrete teem with excitement at the sight of mudslides dragging homes and people down a mountainside. If every disaster can be therapeutic, every disaster is an occasion for further exploitation and immiseration too. If, according to Fritz, our suffering and needs bind us when we gather during and after disasters, Bordiga argued that disaster binds us only insofar as our needs are an expression of our class position. Bordiga thought that the intensification of needs at the apex of disasters could be handled better politically if the origin of the catastrophe was not understood to be located in "nature," but in the fact that buildings had been constructed with second-grade material or too close to rivers known to break their banks.

I recently facilitated a workshop for healthcare workers who discussed their unease with the emergence of the idea that their work should be equated with sacrifice and remunerated with applause. A nurse described the day in March 2020 when the hospital administration packed up their offices to begin working remotely. In the afternoon, the ghostly upper floors were silent, while the ICUs began filling up with rows upon rows of stretchers heavy with wailing patients. Like the burden of risk is placed on those hoisting sandbags on the banks of the swelling river, it fell onto the katlar sessizliğe bürünürken yoğun bakım üniteleri inleyen hastaların ağırlığı altındaki sıra sıra sedyelerle dolmaya başlamıştı. Taşan nehirlerin setlerinde riskin kum torbalarına yüklenmesi gibi, hastanenin işlemesi, işlerinin "özü" itibarıyla, hemşirelere kalmıştı. Acil durumlarda üretilen anlatılar, "doğanın" şiddetine çıplak elleriyle kahramanca karşı koyan temel hizmet çalışanlarıyla ilgili anlatı gibi, krizin kökeninin belirlenemez olduğu yanılsamasını sürdürüp onu uzak, egzotik, adlandırılamaz bir yere, talihsizliğe, Tanrı'ya oturtuyor, devlet dairelerine, yönetim kurullarının toplantı odalarına, politikalara, gıda üretimi sistemlerine ve tedarik zincirlerine değil.

Epidemiyolog Robert Wallace da Bordiga'ya katılırdı muhtemelen, o da Covid-19'un patlak verişini Wuhan'daki hayvan pazarında değil, ABD şirketlerinin yoğun tarımı, ormansızlaştırmayı ve toplu monoklonal çiftçiliği dünyanın geri kalanına kısıtlamasız, düşük maliyetli, yüksek getirili, kârlı programlarmış gibi pazarlayan yönetim kurullarında konumlandırır. Bu programların ideologları ve öncüleri riskler karşısında zırhlıdır. Ama risk öylece uçup gitmez, alkışlarla ödüllendirilen temel hizmet çalışanlarına, çok geçici bentler dikmek için çuvallarca kum yüklenen acil durum çalışanlarına, kendi cenaze törenlerine gelemeyen cesetlere ve yasını tutacak bedenlerden yoksun kalan ailelere kayar.

3.

2020 Eylül'ünde, ABD'nin bir yerlerinde, tıpkı benim gibi, odalarında mahsur kalan sanat öğrencilerine Zoom'da ders vermem istendi. Annemin olmayan bedeninin etrafında toplanmamızdan altı ay sonra onlarla farklı, ama eğitim açısından ideallikten bir o kadar uzak koşullar altında toplandık. Zoom'da, sınıf olduğu farz edilen o toplantı odasında, Savannah, Georgia'da 1819 ile 1865 yılları arasında köleleştirilen ve sonra serbest bırakılan insanların okuduğu bir okuldan bahsettim. Günümüze hiçbiri kalmadığı için paylaşacak bir görselim yoktu. Öğrencilerime bu toplantıların müşterek bir kederle, tamamıyla insan yapımı olan kölelik felaketinin ortasında bir terapi gibi işlediğini tahmin ettiğimi söyleyebildim ancak. Bu müşterek koşulun enkazından, bana kalırsa, beraberinde teselli ve bir yaşama şansı yontacak ya da ölme ihtimalini reddedecek araçlar getiren bir toplanma ortaya çıkıyor. Zoom odamızda toplandığımızda öğrencilerime o okulların katılımcılarının derslerden "toplantıyı çalmak" diye bahsettiğini anlatıyorum. "Okul" tabirine içkin lütufkârlık çalınabiliyor, başka bir amaca uyarlanabiliyor, yeraltına indirilebiliyor – liberalleştirici pedagojinin damgası ve ethosu her zaman bir tür ihlalde bulunan suç ortakları meclisi gibi tasarlanır ve bu ihlal siyasi eğitimin alametidir.

Aynı ders için New York'taki AIDS krizini araştırırken aklıma *United in Anger: A History of ACT UP* (yönetmen: Jim Hubbard, 2012) belgeselinde protestocuların Beyaz Saray'ın çimleri önünde toplandığı sahne geldi.

nurses, by virtue of the "essential" quality of their work, to keep the hospital going. Narratives produced in times of emergency, like the one of essential workers bare-handedly and heroically countering the fierceness of "nature," maintain the illusion of the elusiveness of the origin of the crisis, siting it somewhere distant, exotic, unnamable—in misfortune, in God, but not in offices, boardrooms, policies, food productions systems, and supply chains.

The epidemiologist Robert Wallace would agree with Bordiga, as he situates the outbreak of COVID-19 not in a Wuhan wet market, but in the boardrooms of US companies, where intensive agriculture, deforestation, and mass monoclonal farming are peddled to the rest of the world as unrestricted low-cost, high-yield profit-making programs. The ideologues and pioneers of these programs are shielded from risk. But risk does not just evaporate; it is shifted onto necessary workers remunerated with applause, onto emergency workers hauling sacks of sand erecting very temporary dikes, onto the corpses missing from their wakes and families left without bodies to grieve.

3.

In September 2020, I was hired to teach on Zoom to art students who were, like me, confined to their rooms across the United States. Six months after gathering around my mother's missing body, I gathered with them under different, but similarly unideal, circumstances to learn. In the Zoom meeting room, supposedly a classroom, I taught about a school set up by enslaved and recently freed people between 1819 and 1865 in Savannah, Georgia. I had no images to screen-share, as none remain. I told my students I could only assume these gatherings operated out of a shared grief and as a form of therapy in the midst of the entirely man-made calamity of slavery. From the rubble of that shared condition emerged, I would like to think, a kind of gathering that brought solace and tools with which to carve a chance to live or refuse a chance of dying. I told my students as we gather in our Zoom room that the participants of these schools referred to them as "stealin' the meetin'." The officious nature inherent in the term "school" can be stolen, repurposed, brought underground—the mark and ethos of liberatory pedagogy is always prefigured as an assembly of accomplices committing some kind of transgression, and this transgression is the mark of political education.

While researching the AIDS crisis in New York for this class, I recalled a scene in the documentary *United in Anger: A History of ACT UP* (dir. Jim Hubbard, 2012) where protesters gathered in front of the White House lawn. Reaching between the iron bars of the monumental gates, their clenched fists scattered the ashes of lovers, brothers, sisters, and friends at the President's feet. Three hundred and fifty-six years earlier, in 1631, the mayor of Monte Lupo, a plague-stricken town in Tuscany, had written to

Heybetli kapıların demir parmaklıklarına uzanan sıkılmış yumruklar sevgililerin, abilerin, ablaların, kardeşlerin ve arkadaşların küllerini Başkan'ın ayağına atıyor. Bundan üç yüz elli altı sene önce, 1631'de, Toskana bölgesindeki vebaya yakalanan Monte Lupo kentinin belediye başkanı, Floransa'daki sulh hâkimliğine yazdığı mektupta belediyeyle anlaşmalı mezarcıların mezar kazmayı reddetmesinden şikâyet ediyordu. 1992'deki aktivistler gibi onlar da iktidarın kapılarında toplanmış, ama bu kez eğer maaşları derhal ödenmezse ölüleri belediye başkanının evinin önüne bırakma tehdidinde bulunmuşlardı. 1636'nın temel hizmet çalışanları olan Monte Lupolu mezar kazıcılar da toplanmanın en eski biçimlerinden biri olan grevde toplanmış ve ölüleri gömmeyi reddetmişlerdi. Böylelikle reddi icra etmekle kalmamış, aynı zamanda felaket yoluyla ve felaketin ortasında, yabancılaşmış emeğin alkışla ödüllendirilen fedakârlıkla eş tutulmasına karşı çıkan sağaltıcı bir ilişki kurmuşlardı. AIDS felaketinin sağlık hizmetlerindeki eşitsizliği ortaya koyması gibi, Monte Lupo'daki veba felaketi de karşılıksız emeği ortaya koydu. Yaşadıkları muazzam kayıp hem mezarcılara hem de aktivistlere konumlarının birlikte kullanılabileceğini gösterdi. Ölülerini gömmeyecekler. Monte Lupo'nun mezar kazıcılarının, aktivistlerin ve atölyedeki hemşirelerin yaşamak için bir şans talep etmek veya belki de ölme ihtimalini reddetmek için Başkan'ın kapısı önünde toplandıkları bir alegori hayal ediyorum.

1378'de, şehri düzenli aralıklarla vuran veba dalgalarına alışık Floransalı elitler kendilerini tecrit etmek için taşradaki evlerine gitti topluca. Şehrin emekçilerin mesken tuttuğu bölgelerinde kapılara çarkıfelek tasvirleri çiziliyordu. Tarihçi Sheldon Watts'a göre, her türlü veba söylentisi durmaksızın tekrarlanan "Erken kaç, uzağa kaç, geç dön" düsturuyla karşılanıyordu. Patrisyen oligarşinin lonca sistemiyle her türlü siyasi temsil hakkından menettiği isyankâr yün işçileri şehri kasıp kavurdu, boş kalan hükümet binalarını ele geçirip hapishanelerdeki mahkûmları saldılar. Taşınması imkânsız borç ve vergi yüklerinden doğan isyan aylarca sürdü ve güç ilişkilerinde Ciompi'nin, hiçbir lonca tarafından temsil edilmeyen emekçilerin, yani işçi sınıfının lehine bir kaymayla neticelendi. Günümüz hayalperestleri bir "normalliğe dönüş" miti üretmek uğruna radikal değişim vizyonlarına mani olurken, bu ölüm ihtimallerini reddetme anlarının yeni yaşam koşullarının yaratılmasıyla birbirine dolandığını hatırlattım öğrencilerime.

4.

Fritz'in çalışmasının yayımlanmasından yirmi yıl sonra, sınır dışı edilme tehlikesiyle karşı karşıya olan göçmenlere ücretsiz yasal yardım sunan New York tabanlı UnLocal kurumu için bir atölye düzenlemem isteniyor. Yasanın bu kuruma tanıdığı güç bir hayatın yörüngesini değiştiren türden, ezici, paradoksal, taşıması çok zor bir güç. Atölyeyi onların ofisinde ve the Magistracy in Florence complaining that the gravediggers contracted by the town to bury the dead were refusing to dig graves. Like the activists in 1992, they too had gathered at the gates of power, this time threatening to leave the dead in front of the mayor's house if their salaries were not promptly paid. As the "essential workers" of 1636, the gravediggers of Monte Lupo had gathered in strike, one of the oldest forms of gathering, and refused to bury the dead. In doing so, they had not only performed refusal, but built a therapeutic relation through and in the midst of a disaster—against the equation of alienated labor with sacrifice that gets remunerated with applause. The disaster of the plague in Monte Lupo made manifest the problem of unpaid work, like the disaster of AIDS made manifest the problem of unequal care. Monumental loss revealed to both the gravediggers and the activists that their position could be wielded in common. They would not bury their dead. I imagined an allegory in which the gravediggers of Monte Lupo, the activists, and the nurses from the workshop gather at the President's gates to demand a chance to live, or perhaps to refuse a chance of dying.

In 1378, the Florentine elite, accustomed to waves of plague periodically hitting the city, took off en masse to isolate in their countryside homes. Depictions of the Wheel of Fortune were scrawled on doors in areas of the city inhabited by laborers. According to the historian Sheldon Watts, any rumors of the plague were met with the recurrent motto "Flee early, flee far, return late."[3] Rebellious woolworkers who had been denied any kind of political representation through the guild system by the Patrician oligarchy violently overtook the empty government buildings and released inmates from prisons as they stormed the city. The revolt, borne out of unsustainable burdens of debt and taxation, lasted several months, and led to a shift of power relations in favor of the Ciompi, laborers not represented by any guilds—the working class. While current imaginaries deter visions of radical change in favor of producing the myth of a "return to normality," I reminded my students on Zoom that these moments of refusing the possibility of dying are entangled with the creation of new conditions for living.

4.

Twenty years after the publication of Fritz's study, I am contracted to develop a workshop for UnLocal, a New York-based organization offering pro-bono legal aid to migrants facing deportation. The power invested in them by law is the power of changing a life's trajectory, and that power is overwhelming, paradoxical, too hard to endure. I propose holding the workshop at night, with the lights off, in their offices. We move in the hallways, navigating between desks stacked with towering files spitting tongues of paper. In the dim light of the exit sign, the participants talk to me about the transactional nature of the word "client," and how the sharp edge akşam vakti, ışıklar kapalı yapmayı öneriyorum. Koridorlarda hareket edip, aralardan dil çıkaran kâğıtların durduğu dosyaların kule yaptığı masalar arasında yolumuzu bulmaya çalışıyoruz. Çıkış levhasının loş ışığında, katılımcılar "müşteri" kelimesindeki ticari havadan ve hukukun keskin yanının bu ilişkiyi nasıl belirlediğinden bahsediyorlar bana. Onlarla "müşterileri" arasındaki karmaşık bağımlılık ilişkisini kelimeler yerine hareketlerle anlamaya çalışmayı öneriyorum. Augusto Boal'in iki bedenin bir dizi talimatla giderek birbirine dolandığı "kişi-kişi" tekniğini kullanıyoruz. Birinin kolunda bir ötekinin bacağının baskısını hissetmesi destek ile dengesizlik arasındaki ayrıma dikkat çekiyor ve belki de destek ile dengesizliğin her zaman iletişim içinde olduğunu söylemenin bir yolu bu. Birlikte uygulandığında, bu dolaşıklık beraberinde erotizmin sıcaklığını ve mahremiyeti ve aynı zamanda çökme ya da yere düşme ihtimalini getirebilir. Birbiri için, birbirine karşı, birbiriyle -tezatta, kederde, emekte, bir koroda, yabancılaşmış hayatın dikişlerinden patlayan- roller oynamaktan ne çıkar?

Fritz'in çalışmasının yayımlanmasından on sekiz yıl sonra, yukarıdaki sahneden iki yıl önce, Cupertino'daki metruk bir alışveriş merkezinde bir grup genç sporcuyla ayakta dikiliyorum. Bu sporcuları rekabete dair sorunlar hakkında, kırılıp dökülene kadar koşmanızı, sıçramanızı, başkalarını tahtından etmenizi isteyen bir modelin sürdürülemezliği hakkında tartışmak isteyen genç insanlara açık çağrıda bulunarak bir araya topladım. İncinmenin kroniğini çıkarmak için şiiri, bir tür onarımın kroniğini çıkarmak için de kolektif incinmenin şiirini kullanıyoruz. Atölye katlanılamaz ve adlandırılamaz olanın çatlaklarından meydana gelen çeşitli dünyalaştırma tekniklerinden oluşuyor. Katılımcılar, yaptıkları sporların rekabet ritüeli başlamadan önceki saniyelerde gerçekleştirilen ritüel jestlerini icra ediyorlar: Hayali Olimpik havuzların önünde boneleri düzeltmek, esnemek, başlangıç çizgisinin önünde çömelmek, dizlikleri yukarı çekmek gibi. Bu jestler sporcuların bedenlerinin ulaşmak için eğitildiği hayali başarılardan alınmış sekanslar, ama bu kez yarışı dışarıda tutup farklı bir sonu çağırıyorlar. Zorunlu bireyselleşmeden kaçan bir dünyalaştırma edimi olarak, çatlağın içinden, kırık koldan, kavalkemiği ağrısından, beyin sarsıntısından başka bir yörüngenin başlangıcını imliyoruz. Bu öğrenme biçimleri, cisimleşmiş pedagojiyle bir araya gelişler, bana *contagion* [bulaş] ile *contact* [temas] kelimelerinin aynı kökten, dokunmak, hareket ettirmek, duygulandırmak, etkilemek, rahatsız etmek, birbirini içermek anlamındaki *con-tangere*'den geldiğini hatırlatıyor. Toplanmak – Ayin için ya da protestolarda bir araya gelmek, fırtınadan önce toplanan bulutlar ve sicimler, ip olmak üzere birlikte örülen.

5.
İtalyan filozof Antonio Gramsci bir toplumda işleyen farklı toplumsal, siyasal, ekonomik ve ideolojik çelişkilerin bir "konjonktürde" beraber

of the juridical marks this relationship. I suggest trying to understand the complex relation of dependency between them and their "clients" through movement instead of words. We employ Augusto Boal's "person-person" technique, where two bodies become increasingly entangled through a series of instructions. Feeling the pressure of one's leg against one's arm draws attention to the distinction between support and imbalance, and it is perhaps a way of saying that support and imbalance are always in conversation. When practiced together, entanglement can offer the warmth of eroticism and intimacy, and at the same time the possibility of collapsing or falling to the ground. What comes of playing roles for, against, with each other—in contrast, in grief, in labor, in a choir, erupting from the seam of alienated life?

Eighteen years after the publication of Fritz's study, and two years before the scene above, I am standing with a group of young athletes in a disused mall in Cupertino. I have gathered these athletes through an open call looking for young people who want to discuss the problems of competition, the unsustainability of a model that asks you to run, leap, and dethrone others—until you break. We use poetry to chronicle injury, and the poetry of collective injury to chronicle some kind of repair. The workshop consists of varying techniques of worlding, originating in the crack of the unendurable and the unnamable. Participants perform the ritual gestures of their respective sports, seconds before the ritual of competition begins: adjusting swim caps in front of imagined Olympic pools, stretching, getting into a crouch start position before a sprint, pulling up knee guards. These gestures are an extrapolated sequence drawn from the imaginary of success their bodies have been trained in, which now excludes the race and calls for a different ending. We mark the beginning of another trajectory from within the crack, from the broken arm, the shin splint, the concussion, as an act of worlding that flees forced individuation. These modes of learning, gathering through embodied pedagogy (a memory in the contactless world of the pandemic), remind me that contagion and contact share the same root, *con-tangere*: to touch, to move, to affect, to influence, to perturb, to involve each other. Gathering—coming together for Mass or in protest, clouds building up before a storm, or strings being wound together to make a rope.

5.

Italian philosopher Antonio Gramsci described a moment during which the different social, political, economic, and ideological contradictions at work in a society erupt together in a "conjuncture," producing a momentarily specific and distinctive character that can never be repeated. Thinking of history as a succession of these conjunctures, like volcanic nodes in a network, I imagine a series of overlapping processes interwoven via their patlayıp kısa bir süre için bir daha asla tekrarlanamayacak özel ve özgün bir karakter yarattığı andan bahsetmiştir. Tarihi, bir ağdaki volkanik merkez noktaları misali, bu konjonktürlerden olma bir dizi gibi düşünüp, işlev bozukluklarıyla beraber dokunmuş, çelişkileriyle tutuşmuş, üst üste binen süreçler hayal ediyorum. Sopaları birbirine sürtünce önünde sonunda ateş yakılması gibi, bu özerk güçler de daha erken yaşanan kriz kuşaklarının, önceki volkanik patlamaların üzerinde buluşuyor, hatırlayıp harekete geçiyor, küllerini geçmişin için için yanan korlarına dağıtıyorlar.

Hem doğal afetlerde "doğal" bir şey olduğuna inanmayan Bordiga hem de Gramsci 1926 yılında faşist rejim tarafından tutuklanıp İtalya'nın Sicilya sahilindeki uzak adalardan Ustica'ya sürüldü. Ustica o sırada siyasi mahkûmların, esirlerin ve adada kısmi bir serbestiyle dolaşan balıkçıların ve bu balıkçıların ailelerinin kaldığı bir ceza sömürgesiydi. Gramsci, adaya gelişiyle Milano'da geçen (ve *Hapishane Defterleri*'ni yazmaya başladığı) on yıllık mahkûmiyeti arasındaki altı haftada, Bordiga ve diğer sürgün komünist entelektüellerle birlikte Ustica Hapishane Okulu'nu kurdu. Gramsci'nin arkadaşlarından ekonomist Piero Sraffa okula gerekli malzemeleri tedarik etmek için Milano'daki bir kitapçıda Gramsci adına bir hesap açtı. Adadaki mahkûmların ve diğer sakinlerin ihtiyaçlarını karşılayan, avlularda ve köy meydanındaki ağaçların altında ders yapan okul bu müşterek koşuldan doğdu – beraberinde teselli ve bir yaşama şansı yontacak ya da ölme ihtimalini reddedecek araçlar getiren bir tür toplanma.

Bu metin boyunca, toplanmanın, kimi zaman pedagoji, kimi zaman protesto, kimi zaman grev kisvesi atında, kurumsallaşmış terkin tecrit edici hasarını anlamanın, bunu çürütmenin, yeniden örgütlemenin ve buna karşı hareket etmenin bir yolu olabileceğini ileri sürdüm. Siyaset eğitiminin her zaman toplanma, cisimleştirme, performans ve rol oynama yoluyla, gayrimeşru dünyaları meydana getiren ve hatırlatan dünyalaştırma edimlerini sahnelediğini gösterdim – kendi dünyalaştırma edimlerini yürüten katılımcılar, hesaplanmış risk mefhumuna karşı, bir araya geldiğimizde neler olabileceğinin ölçülemezliğine dalmış bir halde buluşuyor ve toplanma alıştırması yapıyorlar.

Bu gayrimeşru sahnenin yanı sıra, anneme baktığım yıllar boyunca takatsızlığın nasıl kökten bir şekilde farklı bir etik sunduğunu gördüm. Metnin başında bahsettiğim sahneye geri dönmek istiyorum; annemin 2020 Haziran'ında öldüğü hastanede onun "hayat kalitesini" tanımlamam istenmişti. Engelli kızına baktığı tersi konumdan yazan Eva Feder Kittay, ilişkilerinde bakım konusunda her gün yaşanan eşitsizliği tanır. Burada "hayat kalitesi" risk hesaplamak için yürütülen büyük operasyondaki bireyleştirilmiş bir ölçü değil, müşterek bir projedir. Marx'ın, pankartlarına "Herkesten yeteneğine göre, herkese ihtiyacı kadar!" düsturunu yazacak devrim sonrası toplum tahayyülüyle iletişircesine, bu eşitsiz bakım biçimi hem anneyi hem de kızı canlı tutmaktadır. Kaçınılmaz olarak müşterek dysfunctions, set alight by their contradictions. Akin to the act of rubbing sticks together, which will eventually start a fire, these autonomous forces convene, conjure, and mobilize over the progeny of earlier crises and genealogies of previous volcanic eruptions, spreading their ashes on the smoldering embers of the past.

Bordiga, who believed there was nothing "natural" in natural disasters, and Gramsci were both arrested and exiled by the fascist regime to the remote Italian island of Ustica, off the coast of Sicily, in 1926. Ustica was a penal colony at the time, inhabited by political prisoners, convicts, and fishermen and their families who roamed the island in partial freedom. In the six weeks between his arrival and his ten-year imprisonment in Milan (where he would begin writing his *Prison Notebooks*), Gramsci, alongside Bordiga and other exiled communist intellectuals, funded the Ustica Prison School. Piero Straffa, an economist and friend of Gramsci's, set up an account for him at a Milan bookshop to supply the school with materials. Catering to the island's prisoners and other inhabitants, held in courtyards and under trees in the village square, the school emerged from the rubble of that shared condition—a kind of gathering that brought solace and tools with which to carve a chance to live, or to refuse a chance of dying.

Throughout this text I have argued that gathering, sometimes under the guise of pedagogy, under the guise of protest, or under the guise of striking, is a way of understanding, refuting, reorganizing, and acting in opposition to the isolating injury of institutionalized abandonment. I have shown that political education—through gathering, through embodiment, through performativity and roleplay—always stages acts of worlding that constitute and conjure illicit worlds. Participants who commit their own acts of worlding convene and practice gathering against the notion of calculated risk, immersed in the incommensurability of what can happen when we gather.

Alongside this illicit scene, I see, through a lifetime of caring for and with my mother, how debility has always offered a radically different ethics of living. I want to return to the scene I mentioned at the beginning of the text. In the hospital where my mother died in June 2020, I was asked to describe her "quality of life." Eva Feder Kittay, writing from the reversed position of a mother caring for and with her disabled daughter, recognizes that unequal care is practiced every day in their relationship.[4] Here, "quality of life" is a shared project and not an individuated metric in the grand operation of risk calculation. This form of unequal care keeps both mother and daughter alive, in conversation with Marx's envisioning of a post-revolutionary society that will inscribe its banners with the motto "From each according to his ability, to each according to his needs!" In opposition to risk calculation, which will inevitably perform an uneven subtraction of life and livelihood from our shared social sphere, I want to end by asking toplumsal alanımızdan yaşamı ve dirliği eşitsiz bir şekilde eksiltecek risk hesaplarına karşı, şu soruyla sonlandırmak istiyorum yazımı: Bir araya gelmeyi dünyanın zahiri keder kapasitesinin genişlemesi üzerinden yeniden hayal edersek, bir araya gelmeyi eşitsiz bir bakım edimi kabul ederek dermansızlık üzerinden yeniden hayal edersek, bir araya gelmeyi mevcut tarihsel konjonktürde, bu giderek büyüyen ceza kolonisinde, nehirler taşar ve setlerini bir kez daha yıkarken, yoksullaştırmanın ve organize terkin şiddeti karşısında yeniden hayal edersek, nasıl bir araya geleceğiz?

Bu metnin bir versiyonu 18 Kasım 2020'de California Santa Cruz Üniversitesi Film ve Dijital Medya Bölümü'nde seminer şeklinde sunulmuştur. Davetleri için Suzy Halajian ve Marilia Kaisar'a teşekkürlerimle.

1. Fritz, Charles E. *Disasters and Mental Health: Therapeutic Principles Drawn from Disaster Studies*. Delaware Üniversitesi, Afet Araştırma Merkezi, 1996, s. 28.
2. Bordiga, Amadeo. "Omicidio Dei Morti", *Battaglia Comunista*, no. 24, Aralık 1951.
3. Watts, Sheldon. *Epidemics and History: Disease, Power and Imperialism*. Yale University Press, 1999, s. 9.
4. Kittay, Eva Feder. "The Ethics of Care, Dependence, and Disability." *Ratio Juris*, c. 24, no. 1, Mart 2011, s. 49-58.

the following question: How will we gather if we reimagine gathering through the expansiveness of the world's manifest capacity for grief, if we reimagine gathering through the fact of debility, accepting gathering as an act of unequal care, if we reimagine gathering against the violence of immiseration and organized abandonment, under the current historical conjuncture, stealing meetings in this ever-expanding penal colony as rivers swell and break their banks once more?

A version of this text was presented as a lecture for the Film and Digital Media Department at the University of California Santa Cruz on November 18th, 2020. Thank you to Suzy Halajian and Marilia Kaisar for extending this invitation.

1. Fritz, Charles E. *Disasters and Mental Health: Therapeutic Principles Drawn from Disaster Studies*. University of Delaware, Disaster Research Center, 1996, p. 28.
2. Bordiga, Amadeo. "Omicidio Dei Morti" (Murder of the Dead), *Battaglia Comunista*, no. 24, December 1951.
3. Watts, Sheldon. *Epidemics and History: Disease, Power and Imperialism*. Yale University Press, 1999, p. 9.
4. Kittay, Eva Feder. "The Ethics of Care, Dependence, and Disability." *Ratio Juris*, vol. 24, no. 1, March 2011, pp. 49-58.

Amal Kenawy

Amal'a

Arzudaki yara. Kendine gömülüş. Ben-dünyasından çıkamayış.

Sanata olan tüm merakı kaybediş.

Bildiğim bütün ölümlerin üstüne Camilla'nın ölümü. Kaybı, ölümü, korkuyu/korkuları, rüyaları eşelemekti en önemli gelen. Terapinin yardımı dokundu. Bir gün Yasmeen bana senden bahsetti. Senin işlerinden. İlgi alametleri. Bir bağlantı hissi. Saplantılarınla, korkularınla, ölümle uğraştığın animasyonların beni büyüledi. Marazi konular mı bunlar? Sanmıyorum, sadece yüzleşmesi zor. O zamandan beri, işlerini sergilemek istiyorum. Yasmeen'le birlikte. Olmadı. İnsanların seni tanımasını istiyorum. Burada yani. Pek çok şeyin sınırları bulandı. Sen, ölümün, Camilla, işlerin, kayıplar. Senin benim yaşımda oluşun. Benim ölüm korkum.

Stop motion. Benim *stop motion* sevdam. Basit, ama bir o kadar güçlü. Mecranın sadeliği ve konunun yoğunluğu/yeğinliği. Senin işlerinin. *Böyle olacağını bilmediğimiz de bir o kadar kesin* sergisinde gösterecek olmanın mutluluğu. Karar değişikliği. Öylesine ani. Bana değil, onlara ait. Çileden çıkışım. Senin işlerinle zaman geçirme şansını, dünya algını paylaşma şansını kaybedişim. Şimdi, yeniden, mükemmel bir uyum. Hâlâ birinin çıkıp, hayır, onun eserlerini gösteremezsin, demesinden duyduğum korku. Korkumun eserini ödünç verenleri usandırması. Ne kadar temkinli olsam az.

Linki gönderdiler. Rahatladım mı? Henüz değil.

For Amal

Wound in desire. Caused self-absorption. Could not get out of the I-world.

Lost all interest in art. Camilla's death on top of every death I have known. Delving into loss, death, fear/fears, dreams were what mattered most. Therapy helped. One day Yasmeen told me about you. And your work. Signs of interest. Felt a connection. Captivated with the animations where you dealt with your obsessions, fears, death. Macabre subject matter? Do not think so. Only hard to face. Since then, have wanted to show your work. With Yasmeen. Did not work out. Want people to know about you. I mean here. Many things have blurred. You, your death, Camilla, your work, losses. You being at my age. My fear of death.

Stop-motion. My love for it. So basic, yet so powerful. The simplicity of the medium and the density/intensity of the subject matter. Of your work. Being happy to show for *we do not know this to be so*. A change of decision. So abruptly. Not mine, but theirs. Being pissed off. Losing the chance to sit with your work. To share your understanding. Now, again, it is a perfect fit. Still, fearful that someone will say no, you cannot show her work. My fear turning off the loaner. Cannot be cautious enough.

Have the link. At ease? Not yet.

Nicolás Grandi & Lata Mani

Gösterim Sonrası Notlar

www.thepoeticsoffragility.com
https://vimeo.com/179524938

Afterscreening Annotations

www.thepoeticsoffragility.com
https://vimeo.com/179524938

acaba

birleştirebilir miyiz odaklayabilir miyiz

dağınık

zihinlerimizi
&
anlayabilir miyiz
birlikte

Samvo Manamsi Janatam
Rig Veda Sloka

may we

unite focus

our dispersed

minds
&
together
understand

Samvo Manamsi Janatam
Rig Veda Sloka

Çok, çok tikel ve özgülle
çok farklı bir tür evrensel arasındaki
bu şahane dansı deneyimledim filmde.

Üstünde birlikte çalıştığımız
insanlık kavramının mağdurlarının
tikel deneyimlerini silmekten uzak
bir kolektivite hissine doğru bir ilerleyiş bu
bir birliktelik hissine doğru.

Ve bu yolculuğa çıkmanıza imkân tanıyan tefekkür alanları.

Angela Y. Davis

I experienced in the film this wonderful dance between
the very, very particular and specific
and a very different kind of universal.

It's a moving towards a feeling of togetherness
a feeling of collectivity
that does not erase the particular experiences
of those who have been the victim of the notion of humanity
with which we have worked.

And the spaces of contemplation allow you to take that journey.

Angela Y. Davis

Erica Cho: Film yapmayı video-tefekkür gibi ele alan bu fikirle başlamak istiyorum. Farklı kültürlerde tefekkür edimiyle bağdaştırılan estetiğe dair varsayımlar ve klişeler var; dünyevi endişelerimizden kurtulmamız gerektiği fikrini iletmek için, sert, belki biraz da minimalist bir şey gibi görülüyor. Sizin filminiz *Kırılganlığın Poetikası* ise tefekkürü çoklu sesleri olan, defalarca yeniden düşünülmesi gereken ve her angajmanda değişebilecek yorumları davet eden bir metin gibi gören yeni bir fikirle çıkageliyor. Video-tefekkür fikrini ve biçim ve süreçle ilişkisini açabilir misiniz?

Lata: İkimiz de içinde yaşadığımız bu zamanı ve görsel aşırılığı tahakkümü altına almış gibi görünen belli bir tür araçsal dilin tükenişi üzerine farklı biçimlerde düşünüyorduk. Görsel ya da metinsel dil nasıl canlandırılabilir? Kelimeler ve kamera, anlamı garanti eden adli bir araç olmaktansa, nasıl olasılıklara açılabilir? Kitaplarımda bunu birçok janrla çalışıp parçalılık fikrini ciddiye alarak yapmaya çalışıyordum bir zamandır. Bu durum, kısmen, tek seferde yalnızca beş dakika konsantre olabilmeme yol açan bir beyin hasarıyla yaşamamdan ve bu kısıtlamalarla nasıl yazıp nasıl düşünebileceğimi, kendimi nasıl ifade edebileceğimi bulmak zorunda kalmamdan kaynaklandı. Dolayısıyla başlangıçta biçim bu hasara bir yanıt olarak sundu kendini. Ama biçim üzerinde çalıştıkça ve monografla bağlantısı dahilinde yeniden düşündükçe, metodolojik değerini anlamaya başladım ve yapıyı bunun üzerine inşa ettim.

O sıralar Nicolás imgenin poetikasını keşfediyordu. Dolayısıyla birlikte çalışmaya başladığımızda bu sorular üzerine de birlikte düşünmeye başladık, önce video-şiirler, sonra da izleyiciyi eserle benim "yakın uzak" dediğim bir ilişkiye girmeye davet eden "video-tefekkürleri" dahilinde ele aldık. Burada derin bir angajmanı çağırıyorsunuz. Aynı zamanda, hem filmin yapısını kurma şeklinizle hem de atıfta bulunduğunuz çokluk, heterojenlik ve çoğullukla, biçime bir düşünme kipi, bir adım geri çekilme hali katıyorsunuz.

Nicolás: Ayrıca merkezde "bir fikri resmetme" fikri var burada. Bir kavramı farklı yüzleriyle keşfedip olasılıklarını genişletebileceğimiz kaleydoskopik bir mercek kullanarak bu fikri nasıl berraklaştırabiliriz? Tefekkür bununla ilgilidir: Bir konuyu elinizden bırakmazsınız ve onu genişletmek ve anlamak için tüm farklı yüzlerini görmeye başlarsınız. Kati, nihai bir şey olarak değil, sorular üretmeye devam eden bir şey olarak. Bana kalırsa düşünenin "biz" olduğu bu tür bir yaklaşımın potansiyeli bu. Sürecin bir kısmına performansçı da dahil, çünkü "sizden tam olarak şunu yapmanızı" istiyoruz gibi bir fikirle gitmedik. Bir öneride bulunduk ve önerimize bir karşılık geldi, bu örnekte metinden bir kısım. Mekâna birlikte kafa yorduk. "Tamam, şu tabureye oturmanı istiyorum ya da şöyle bir durumda olabilirsin," gibi şeyler söylendi belki. Ama sonra bu olasılıkları, bu mizanseni keşfetmek için birlikte çalıştık yine.

Erica Cho: I wanted to start with this idea of approaching filmmaking as video-contemplation. There are assumptions and stereotypes across cultures about the aesthetics associated with an act of contemplation; something austere, perhaps minimalist, in order to convey this idea that we have to let go of worldly concerns. Your film, *The Poetics of Fragility,* engages with another idea about contemplation, which is that it's a text that has plural voices. It's meant to be reconsidered multiple times and to invite interpretations that may change with each engagement. So I was wondering if you can talk about this idea of video-contemplation as well as its connection to both the form and the process.

Lata: In different ways, we have each been thinking about the exhaustion of a certain kind of instrumentalist language that seems to predominate in this time and the visual excess in which we live. How does one reanimate visual or textual language? How can words, the camera, open up possibilities as opposed to being kinds of forensic tools that guarantee meaning? In my books, one way I have been trying to do this is by working with multiple genres and by taking the idea of the fragment seriously. It arose partly from the fact that I was living with a brain injury that gave me only five minutes of concentration, and I had to figure out how to write or think or express myself within those constraints. So initially the form suggested itself in response to injury. But as I started to work with the form and to rethink the monograph in relation to it, I started to discover its methodological value, and I was building on that.

Meanwhile, Nicolás had been exploring the poetics of the image. So when we started working together, we started thinking together about these questions, initially in videopoems and then in relation to "video-contemplations" that invite the spectator to be in a relationship of what I call "intimate remove" to the work. You invite a certain kind of deep engagement. At the same time, you build into the form a mode of reflection, a mode of stepping back, both in the way you structure the film and through the multiplicity, the heterogeneity, and the plurality to which you refer.

Nicolás: Also core here is the idea of "portraying an idea." How can we crystallize that idea through a kaleidoscopic lens by which we explore a concept in its different facets and provide an expansion of its possibilities? Contemplation is related to that: you stay with a subject and start to see all its different facets in order to expand it and understand it. Not as a conclusive thing, but as something that keeps bringing questions. I think that is the potentiality of this kind of approach in which it is the "we" that is thinking. We are thinking. Part of the process involves the performer, because it is not that we went with this idea of "we want you to do this exactly." We sent a proposition and there was a reaction to our proposal, in this case the fragment of text. We thought together of a location. Maybe there was an idea of "OK, I want you to be on a stool, or maybe I want you

Erica: Sözü açılmışken, senaryonun size atfedildiğini fark ettim, Lata. Senaryo da doğaçlama mıydı? Metnin ne kadarı sürece dahil olmaya davet ettiğiniz kişiye hitaben ve cevaben yazıldı? Sesin kime ait olduğunu merak ettim. Zaman zaman ekranda gördüğümüz kişiyle uyumlu gibiydi gerçekten, zaman zaman da metin performe ediliyormuş gibiydi ve seslerin onlara ait olduğunu varsaymıyordu insan.

Lata: Senaryonun tamamı benim tarafımdan ve başka bedenlerce aktarılmak üzere yazıldı. İnsanların metni kendilerinin kılma ve bizim bunun kamera karşısında nasıl şekilleneceğini tartışma sürecimizde peşinen tahmin edemeyeceğimiz farklı şeyler oldu. Fikir, genel olarak deneyimleneni bireysel bir deneyim gibi ele almak ve onu kolektif ve toplumsal kılmaktı. Kırılganlığın toplumsal inşasının bir parçası da bireysel zayıflıktır, gücün ya da potansiyelin bir değişkesi.

Tefekkürün özünde bir adım geri çekilip yakından gözlemek var. Bunu biçime katmak için gayet bilinçli bir şekilde kullandığımız bir araç, kamuya mal olmuş kişileri tanınmayan kişilerle karıştırmaktı. Angela Davis, Cherríe Moraga ve Nora Cortiñas insanların onları duymaya alışık olmadığı şekillerde konuşuyor. Filmi Angela Davis'e "Kuvvetli bir kadın bazen kuvvetle bıkar" şiiriyle açtırmak bilinçli bir tercihti. Yani kamuya mal olmuş bu kişilerden beklentileriniz ile onların dili ve performansı arasında bir tür ayrıklık var. Bu aynı zamanda biyografiği toplumsal, bireyseli kolektif kılmakla da alakalı. Sonuç olarak, kimi planlı, kimi tesadüfi, farklı türden alışkanlık kırılmaları meydana geliyor. Bu ayrıca kelimelerin ekranda dile gelmesi ile üst ses olarak duyulması arasındaki farkın etkisi. Başta insanlarla bir araya gelip seslerini kaydettik. Sonra performans adım adım evrildi. Metni onlar yazmadı. Ben de onların deneyimlerini tarif etmedim. Senaryoyu performe ettiler.

Nicolás: Bu tarihi kişiliklere onlara ait olmayan sözcükler söyletmekte şiirsel açıdan enteresan bir şey var. Farklı türden referansların –tarihsel olanların ve daha şiirsel bir ufuktan gelenlerin– buluşmasında olasılıklar evreni sunan bir çarpışma yaşanıyor. Bana göre bu, büyük ölçüde bilgi paradigmasıyla ilişkilendirildiği bir dünyada imgenin gizemini geri kazanmaya yönelik bir girişim niteliğindeki şiirsel imgeyle yakından alakalı. Beraberinde getireceği kavramları genişletmek için imgeyi gerçekten farklı türden referans ve farklı türden olasılıklarla patlatırsak ne olur?

to be in this kind of situation." But then we work together towards a way of exploring that possibility, that mise en scène.

Erica: In response to that, I notice the script was credited to you, Lata. And it was improvised as well? How much of the writing itself was in response to the person you had invited to be part of the process? I was curious whose voice it was. At times, it felt really aligned with the person who is on the screen and at other times, it felt performed and one didn't assume it was their voice at all.

Lata: The script was entirely written by me and it was written to transit through other bodies. In the process of people making it their own and us having a discussion of how it would take shape in front of the camera different things happened, things that one could not have predicted in advance. The idea was to take what is generally experienced as an individual experience and to make it collective and social. Part of the social construction of fragility is as individual weakness, a modification of strength or of potential.

Intrinsic to contemplation is taking a step back and observing closely. To build that into the form, one device that we used quite consciously was intermixing public figures with unknown persons. Angela Davis, Cherrie Moraga, and Nora Cortiñas speak in ways that people are not used to hearing them speak. It was a conscious choice to have Angela Davis open the film with the poem "A strong woman is sometimes strongly fed up." So there is a kind of disjunction that happens between your assumption about these public figures and their language and performance. This also connects to making the biographical social, making the individual collective. There are different kinds of defamiliarizations that happen as a result, some of which were planned for, some of which were accidental. And it is also the effect of whether the words are spoken onscreen or as voice over, so many different things. We first got together with people and recorded their voices. And then the performance gradually evolved. They did not write the text. I was not describing their experience. They were performing the script.

Nicolás: An interesting thing happens in terms of poetics in having these historical figures and making them speak words that don't belong to them. In this meeting of different kinds of references—the historical and those that come from a poetic horizon—there is a kind of collision that provides a universe of possibilities. And for me, that is very related to the poetic image itself in which the attempt is to reclaim the mystery of the image in a world in which it is mostly related to the information paradigm. What would happen if we really made the image explode with different kinds of references and different kinds of possibilities in order to widen the notions this brings?

Siz birlikte bir yolunu yarattınız yalnız olmadığımızı bilmenin
egonun tefekkürde bir yeri olmadığını bilmenin
kendimize
eklem iltihaplarımıza
önümüzdeki yaşlılara
biz gibi bakmamıza yardım edenin
bu biz kolektifi olduğunu bilmenin.
Hepsi biziz.
Ben senim
Sen bensin.

Cherríe Moraga

You together have created a way to know we are not alone
to know that the ego has no place in this contemplation
to know that it is this collective 'we'
that helps us look at ourselves
and our arthritis
and the elders in front of us
as us
It is all us.
I am you
You are me

Cherríe Moraga

Erica: Web sitenize girmek hoşuma gitti. Bütün bu fikirleri farklı formatlarda düşünme biçimlerinizi görmekten büyük keyif aldım. Şöyle diyor site: "Bütün bitmiş işler bir süreci damıtır, sürecin kendisinin işin damıtılmış hali olmasına rağmen. Biçim, filmin dediği gibi, geçici tutarlıktır." Beden, kırılganlık ve filmin biçimi arasındaki bağlantı fikri beni çok etkiledi. Geçici tutarlık kendi içinde kırılgandır ve başka sesleri web sitesine katkıda bulunmaya ve sizin filminizle ilgili neredeyse tefekküre dayalı angajmanlara girmeye davet etmeniz, filminizin ileri sürdüğü fikirleri genişletmek açısından önemli geliyor. Bunun sizin için neden önemli olduğunu ve neden bütün bu farklı mecralarda çalışıp işe diğer yönetmen ve ses mühendislerini de dahil etmeyi seçtiğinizi biraz daha açabilir misiniz?

Lata: Hepsi kaleydoskop fikrine geri dönüyor aslında. Fikirleri resmetmekten, görsel mecra yoluyla keşfetmekten bahsettiğimiz için, pek çok bakımdan perspektifi kaydırmakla alakalı bu. Kaleydoskopun harika yanı, elinizde birbiriyle hareketli bir ilişki içinde olan çok sayıda unsurun bulunması. Her zaman ilişkiler-arası. Hiçbir şey durağan değil. Siz kaleydoskopu döndürdükçe parçalar kendilerini yeniden düzenler ve farklı bir örüntü yaratır. Dolayısıyla hem ortada bir örüntü olduğuna hem de bu örüntünün her zaman hareket halinde olduğunun her zaman farkında olduğunuza dikkat çekersiniz; geçici bir tutarlık olarak biçim. Böylece kaleydoskop fikri farklı mecraların neler sunabileceğine bakacak şekilde genişledi. Bizimkisi duyularla hissedilebilir olanın estetiği. Dokunsallık önemli. Duyular gerçekten önemli. Duyuları görsellikle nasıl canlandırabilirsiniz?

Zamansallık da çok önemli. Film izlerken metne doğrusal bir şekilde erişmeniz gerekir. Kitapta da doğrusaldır bu şekil. Ama kitapta zamansallıkla oynayabilirsiniz. Ben buna baskı sürekliliği diyorum. İleri geri gidebilirsiniz; kitabın bağlamındaki unsurları farklı şekillerde yeniden düşünebilirsiniz. Kitap, filmde üretmesi ya da görünür kılması mümkün olan dokunurluk türlerinden de farklı bir dokunsal deneyim sunar. Web sitesiyse insanı doğrusallıktan tamamen azat eder, ki bunu çok heyecan verici buluyorum. Web sitesinde sunulduğu haliyle, senaryoya herhangi bir noktasından giriş yapabilirsiniz. Çekirdek bütün ağacı barındırır içinde. Eğer durum böyleyse, prensipte, özellikle de her bir parçanın bütün boyunca adım adım keşfedilen tek bir fikre belli bir doku yahut da boyut kattığı böyle bir filmde, metnin/senaryonun yeniden haritalandırılmasının ve bir anlama gelmeye devam etmesinin mümkün olması gerekir. Sezgisel bir şekilde her şeyin sırasını değiştirip okumaya başladım ve metnin farklı bir anlama geldiğini anladım.

Bu üç mecra kaleydoskop fikrini daha ileri götürüyor. Ayrıca, sanatçı kitapları pahalıdır, bizse insanların senaryoya erişebilmesini istiyorduk. Metni web sitesine koymak demokratik bir hareket gibi göründü. Ve

Erica: I appreciated going to your website. I was delighted to find all these different ways in which you thought through these ideas in different forms. The website states, "All finished work distills a process even as process is itself work distilled. Form, as the film says, is transitory coherence." I was struck by the idea of the connection between the body and fragility and the form of the film. Transitory coherence is fragile in itself, and your inviting other voices to participate on the website and make almost contemplative engagements with your own film felt important to expanding the ideas of your film. Can you talk a little bit about why that was important to you or why you chose to work in all these different media and also engage other filmmakers or sound artists?

Lata: It goes back to the idea of the kaleidoscope. In many ways, since we are talking about portraits of ideas, about exploring ideas through the visual medium, it's about shifting perception. The wonderful thing about a kaleidoscope is that you have a number of elements that are in a certain mobile relationship to each other. It's always inter-relational. Nothing is static. And as you turn the kaleidoscope, the pieces rearrange themselves and create a different pattern. So you are both drawing attention to the fact that there is a pattern and you are always aware that that pattern is always in motion—form as transitory coherence. The idea of a kaleidoscope then expanded to what different mediums could offer. Ours is an aesthetics of the sensible. Tactility is important. The senses are really important. How do you bring the senses alive through visuality?

Temporality is really important too. In a film, you are required to access the text in a linear fashion. In a book too in a linear fashion. But in a book you can play with temporality. I call it print duration. You can go back and forth; you can rethink the elements in the context of a book in a different way. The book offers a tactile experience that is also different from the kinds of tactility it is possible to produce or manifest in a film. And the website frees you entirely from linearity, which I found very exciting. The way the script has been offered on the website, you can enter it at any point. In the seed, the entire tree is contained. If this is so, then it should in principle be possible for the text/script to be remapped and continue to make sense, especially in a film like this, where each fragment is adding a certain texture or dimension to a single idea that is being explored gradually across the entire film. I just intuitively reordered everything and started reading and found that it was making a different kind of sense.

The three mediums take the idea of the kaleidoscope further. Also, the artist book is expensive and we wanted people to have access to the script. Making it available on the website seemed like a democratic thing to do. And if indeed one is inviting people to rethink, it made eminent sense to invite people to engage creatively. We are hoping that the website can be a community resource on the one hand, but also that people can continue to insanları yeniden düşünmeye davet edeceksek, onları bu düşünmeye yaratıcı bir angajman dahilinde çağırmak çok mantıklı geldi. Web sitesinin hem bir komünite imkânı olabileceğini hem de insanların kendi düşüncelerini sunup işlerini genişletmeye devam edebileceğini umuyoruz.

Nicolás: İmgeye yaklaşımımı yönlendiren bir şey daha eklemek istiyorum, Susan Sontag'ın *Yoruma Karşı*'da ileri sürdüğü bakışın erotikasıyla sanatın erotikası fikri bu. Sontag hissetmeyi yeniden öğrenmemiz gerektiğini söylüyor. Bence farklı mecraları işe koşmak keşfettiğimiz şeylere karşı duyarlığımızı artırıyor. Öte yandan bence daha çoğuna ihtiyaç duyduğumuz türden bir diyaloğu, farklı disiplinlerin birbiriyle konuşmasını teşvik ediyor bu. Bu şekilde yalnızca şiirsel ve estetik söylemlerimizi değil, hayal güçlerimizi de gerçekten genişletmeye başlayabiliriz ve buna kendi pratiklerimiz kadar siyasi ve toplumsal pratikler de dahil olabilir. Bunu daha çok geliştirmeye nasıl başlayabiliriz?

Erica: Son olarak, davet ettiğiniz performansçıların, oyuncuların, okuyucuların ve üst seslerin toplumsal cinsiyet seçimlerine değinebilir misiniz? Filmi izleyiciye bir davet gibi görünen boş bir sandalyeyle açıyorsunuz ve sonra Angela Davis'in performansı izleyiciyi bir kadının silueti, bir kadının perspektifi ve bir kadının sesinde konumlandırıyor.

Lata: Karakter seçimleri elbette ki bilinçli ve kasıtlıydı. Tahminimce, pratiğimizde nasıl farklı –evrensel demek istemiyorum– farklı bir heterojenleştirme kipi ortaya koyabileceğimiz sorusu daha derinlikli ve felsefi soru. Bunun için heterojenlik ve çeşitlilik fikrini ciddiye almak, evrenselcilik eleştirisini ciddiye almak ve bununla birlikte farklı türden seslerin, bedenlerin ve varlıkların çokluğuyla müşterek deneyimi çoğullaştırmaya çalışmak gerekiyor. Bu şekilde elinizde farkı ötekilik olarak katılaştırmayan bir ayrım ve birlikte müşterek insan deneyimine işaret eden heterojenlik ve çeşitlilik olur. Bu film pek çok bakımdan San Francisco Körfez Bölgesi'ne bir saygı duruşu, benim Körfez'e aşk mektubum. Karakter seçimleri de Körfez Bölgesi'ndeki çeşitlilik ve özgüllükten bir şeyler yansıtıyor ve film bu özgüllükten kendinden daha geniş bir şeye işaret etmek için faydalanıyor.

Film gösterimi sonrası yönetmen Erica Cho'yla söyleşi, California Üniversitesi, San Diego, 17 Ekim 2016.

offer their own reflections and extend the work.

Nicolás: I would only add one thing that really began pushing my approach to the image, this idea of the erotics of the gaze and the erotics of art, which Susan Sontag proposed in *Against Interpretation*. She says that we need to relearn how to feel again. So, I guess inviting different kinds of mediums expands our sensibility towards the things we explore. And on the other side, it also promotes the kind of dialogue that I think we need much more of, different disciplines talking to each other. In that way, we might really start broadening not only our poetic and aesthetic discourses, but also our imaginations, and that can include the political and social as well as our own practices. How can we start fostering that more?

Erica: Finally, can you address the gender choices of the performers, actors, readers and voiceovers of those you invited? You start the film with an empty chair, which seems like an invitation to the viewer, and then Angela Davis' performance immediately addresses the figure of a woman, the position of a woman, or the voice of a woman.

Lata: The choice of characters was conscious and deliberate, obviously. I guess the deeper philosophical question is how we in our practice can propose a different—I don't want to say universal—but a different mode of heterogenizing. It is taking the idea of heterogeneity and diversity seriously, taking the critique of universalism seriously, and yet trying through a multiplicity of different kinds of voices and bodies and beings to pluralize shared experience. So that you have distinction that does not solidify into difference as otherness and you have heterogeneity and diversity, which simultaneously point to shared human experience. In many ways, this film is an homage to the Bay Area, my love letter to the Bay Area. The cast of characters reflects something of the diversity and specificity of the Bay Area and the film draws on that specificity to point to something broader than itself.

Post-screening conversation with filmmaker Erica Cho, University of California, San Diego, 17 October 2016.

aynı hakikatler

farklı bağlamlarda

farklı bedenlerce dile gelen

e
v
r
e
n
s
e
l
l
i
k

özgüllüğü gözeten bir şekilde

the same truths

articulated in different contexts

by different bodies

u
n
i
v
e
r
s
a
l
i
t
y

in a way that honors specificity

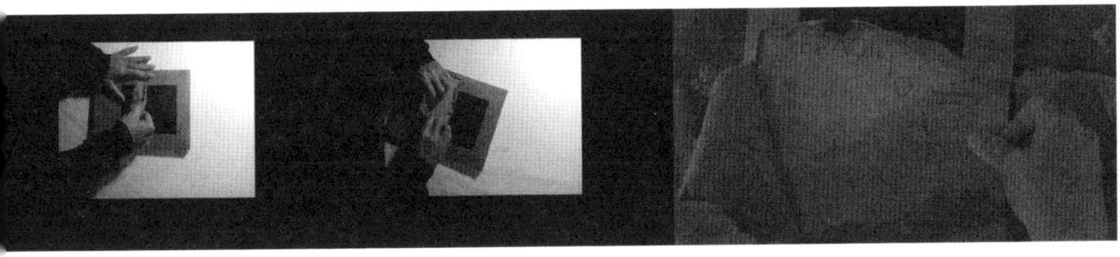

Pas de Deux, Video Enstalasyonu,
tek kanal, 14:39 dakika

Kırılganlığın Poetikası sanatçı kitabı açılışında (Arjantin, Hindistan, İngiltere, ABD) cep telefonuyla çekilmiş videoların montajı, aralarda Angela Y. Davis ve Cherríe Moraga'nın *Kırılganlığın Poetika*'sının 2 Ekim 2016 tarihli ABD prömiyerinde gösterimden sonra yaptığı, yeni bir siyasi tahayyülü harekete geçiren yorumlar.

Pas de Deux, Video Installation
single channel, 14:39 minutes

Montage of cell phone videos of *The Poetics of Fragility* artist book opening (Argentina, India, United Kingdom, USA) interspersed with post-screening comments by Angela Y. Davis and Cherríe Moraga evoking a new political imaginary at the US premiere of *The Poetics of Fragility*, October 2nd, 2016.

İmgenin dünyayla ilişkisini
yeni bir çerçeveye oturtmak

uçları,
hudutları,
kenarları,

eşikteliği
oyunbaz bir şekilde dile getirmek demek.

Sınır:

görüldüğü kadarıyla içerideki şeylerin
sanıldığı kadarıyla dışarıdakilerle
buluştuğu bir bölge.

Biçimin sınırlarını keşfetmek, merkezden kaydırmaktır

totalizasyonu

çoğulluğun, ince farkların, geçişlerin ve
h e t e r o j e n l i ğ i n yararına.

To reframe the relation of image to world
is to playfully articulate borders

frontiers,

margins,

liminality.

Limit:

a region where things
ostensibly on the inside meet
what is purportedly on the out/side.

To explore the limits of form is to decenter

totalization

in favor of plurality, nuances, crossings,
the h e t e r o g e n o u s.

Jang Minseung

Kitab-ı Mukaddes'teki Mezmurlar Kitabı Latince versiyonu/Vulgata İngilizce versiyonu/Yeni Amerikan İncili

시편 10:1
주님, 어찌하여 멀리 서 계십니까? 어찌하여 환난의 때에 숨어 계십니까?
Why, Lord, do you stand afar and pay no heed in times of trouble?
Ut quid, Domine, stas a longe, abscondis te in opportunitatibus, in tribulatione?
Ya RAB, neden uzak duruyorsun, Sıkıntılı günlerde kendini gizliyorsun?

시편 6:7
저는 탄식으로 기진하고 밤마다 울음으로 잠자리를 적시며 눈물로 제 침상을 물들입니다.
I am wearied with sighing; all night long I drench my bed with tears; I soak my couch with weeping.
Laboravi in gemitu meo, lavabam per singulas noctes lectum meum; lacrimis meis stratum meum rigabam.
Döşeğim su içinde bütün gece ağlamaktan, Yatağım sırılsıklam gözyaşlarımdan.

시편 9:21
주님, 민족들을 공포에 떨게 하시어 그들이 인간일 뿐임을 깨닫게 하소서.
O Lord, establish a lawgiver over them, so that the Gentiles may know that they are only men.
Constitue Domine, legistratorem super eos: ut sciant Gentes quoniam homines sunt.
Onlara dehşet saç, ya RAB! Sadece insan olduklarını bilsin uluslar. Sela

from *The Book of Psalms*
Latin version; Vulgata English version: NAB

시편 22:21
저의 생명을 칼에서, 저의 목숨을 개들의 발에서 구하소서.
Deliver my soul from the sword, my life from the grip of the dog.
Erue a framea animam meam et de manu canis unicam meam.
Canımı kılıçtan, Biricik hayatımı köpeğin pençesinden kurtar!

시편 26:9
제 영혼을 죄인들과 함께, 제 생명을 살인자들과 함께 거두지 마소서.
Do not take me away with sinners, nor my life with the men of blood.
Ne colligas cum impiis animam meam et cum viris sanguinum vitam meam.
Günahkârların, Eli kanlı adamların yanı sıra canımı alma.

시편 26:10
그들의 두 손에는 부정이, 그들의 오른손에는 뇌물이 가득합니다.
In whose hands there is a plot, their right hands full of bribery.
in quorum manibus iniquitates sunt, dextera eorum repleta est muneribus.
Onların elleri kötülük aletidir, Sağ elleri rüşvet doludur.

시편 30:10
"제 피가, 제가 구렁으로 떨어지는 것이 무슨 이득이 됩니까?
What gain is there from my lifeblood, from my going down to the grave?
Quae utilitas in sanguine meo, dum descendo in corruptionem?
Ne yararı olur senin için dökülen kanımın, Ölüm çukuruna inersem?

시편 38:22
저의 하느님, 제게서 멀리 계시지 마소서.
My God, be not far from me!
Deus meus, ne discesseris a me.
Ey Tanrım, benden uzak durma!

시편 38:8
저의 허리는 염증으로 가득하고 저의 살은 성한 데 없습니다.
My loins burn with fever; there is no wholesomeness in my flesh.
Quoniam lumbi mei impleti sunt ardoribus, et non est sanitas in carne mea.
Çünkü belim ateş içinde, Sağlığım bozuk.

시편 38:6
저의 미련함 때문에 제 상처는 냄새 피우며 썩어 갑니다.
Foul and festering are my sores because of my folly.
Putruerunt et corrupti sunt livores mei a facie insipientiae meae.
Akılsızlığım yüzünden yaralarım iğrenç, irinli.

시편 89:48
기억하소서, 제 인생이 얼마나 덧없는지를 당신께서 모든 사람을 얼마나 헛되이 창조하셨는지를.
Remember how brief life is, how frail the sons of man you have created!
Memorare, quam brevis mea substantia. Ad quam vanitatem creasti omnes filios hominum?
Anımsa ömrümün ne çabuk geçtiğini, Ne boş yaratmışsın insanoğlunu!

시편 144:4
사람이란 한낱 숨결과도 같은 것 그의 날들은 지나가는 그림자와 같습니다.
Man is but a breath, his days are like a passing shadow.
Homo vanitati similis factus est, dies eius sicut umbra praeteriens.
İnsan bir soluğu andırır, Günleri geçici bir gölge gibidir.

*松尾芭蕉 (1644~1694)
마쓰오 바쇼
Matsuo Bashō

二人見し雪は今年も降りけるか
둘이서 보았던 눈, 올해도 그렇게 내리었을까
Snow we two / watched last year / is it falling again?
Seyrettiğimiz / o kar da yağdı mı / yeniden?

水寒く寝入りかねたる鴎かな
물은 차갑고, 갈매기도 쉬 잠들지 못하는구나
Cold water / unable to fall sleep / a sea gull
Öyle soğuk ki su / uyuyamıyor / martı işte

白菊や目に立て見る塵もなし
흰국화여,유심히보아도 티끌 한 점 없어라
White chrysanthemums / looked at closely / no dust at all
Bakıyorum da / tek bir toz bile yok / ak krizantemde

手にとらば消んなみだぞあつき秋の霜
손에 잡으면 사라질 눈물이여 뜨거운 서리
If taken in my hand / it would vanish in hot tears / autumn frost
Elime alsam / erir harlı gözyaşımda / güz kırağısı

旅に病んで夢は枯野をかけ廻る
방랑에 병들어 꿈은 마른 들판을 헤메이누나
Ill on a journey / dreams in a withered field / wander around
Yolda hasta düşer / düş de uçuşup gider / çorak kırlarda

*神野忠知 (16241-676)
칸노 타다토모
Kanno Tadatomo

白炭や燒かぬ昔の雪の枝
타버린 숯이여, 예전엔 흰 눈 쌓인 나뭇가지였겠지
White coal / was in times / a snowy branch
Beyaz kömür / ki karlı bir daldı / zamanlarda

Gregory Whitehead

Teşhir Yaraları: Bir Yaraloğun Düşünceleri

Teşhir Yaraları ilk olarak Minerva Media tarafından kaset formatında yayımlanmıştır *(1985)*.

[*Ameliyathanede: Et kesiliyor, cerrahi ekipmanın çıkardığı metalik sesler.*]

Off . . . berbat bir kesik. Pekâlâ . . . bakalım. Yedi numaralı sondayı verin bana . . .
Evet. Şurada . . . şu kemiğin . . . altına girmemiz gerek. Güzel . . . Tamam.
Klemp . . . Deri . . . deri kasın etrafına sarılmış sanki şurada.
Süngeri uzatır mısın?

Bir de . . . Şuradaki banttan küçük bir parça lazım.
Pek *hoş bir kesik değil bu* . . .
Ama hallederiz.
Makas . . . Şimdi . . . bakalım kenarlarını temizleyebilecek miyiz.
Tamam.

Çok fazla . . . çok fazla kan kaybediyoruz.
Sen şöyle . . . evet, doğru.
Çengelle tuttur yeter. Teşekkür ederim.
Sorun şu ki arkada . . .
bizimle işbirliği yapmayı reddeden bir *kemik* var.

[*Bandoneon girer: Yavaş tango*]

Bir de, ee . . . Tamam. Bakalım toplayabilecek miyiz şimdi . . . Bu iş bende.
Hah, geliyor işte . . . *hepsini* buradan çıkarmak lazım . . .
sonra kapatacağız ve kimse farkı anlamayacak bile.

[*Müzik son sese yükselir. Aniden kesilir, odanın tonu değişir, daha ziyade ofis ortamı gibidir şimdi*]

Display Wounds: Ruminations of a Vulnerologist

Display Wounds was first released on cassette on Minerva Media in 1985.

[*In the operating room: cutting through flesh, the metallic clink of surgical equipment.*]

Uhh . . . it's a nasty cut. OK. . . let's see. Give me the number seven probe. . . Yes. Something . . . have to get . . underneath the bone there. Good. . . OK. The clamp . . . The skin is . . . it's kind of wrapped around the muscle there. Get me a sponge?

And . . . I'll need a little piece of that tape there.
It is *not a pretty cut* . . .
But we'll get it.
The scissors. . . And . . . let's see if we can clean it up here around the edges.
OK.

We're losing . . . we're losing a lot of blood. Could you . . . yeah, that's right.
Just hook it up. Thank you.
The problem is there's a *bone* back here that . . . refuses to cooperate with us.

[*Begin bandoneon: slow tango*]

And, uh . . . OK. Now let's see if we can get . . . I'll get that.
Yeah, it's coming . . . got to get all that *stuff* out of there . . .
and we'll be able to close it up and no one will ever tell the difference.

[*Music rises to full volume. Cuts abruptly, change of room tone, more of an office environment*]

No wound ever speaks for itself. The only thing that you will find emerging

Hiçbir yara kendi adına konuşmaz asla. Bir yaradan kendiliğinden çıktığını göreceğiniz tek şey kandır. Daha derindeki anlamla ilgileniyorsanız, yaraların *okunması* gerekir. *Yorumlanmaları* ve *deşifre* edilmeleri gerekir. Yaraloji, ya da yarabilim, bu yorum faaliyetidir.

Biraz önce gördüğünüz şey kanamanın durdurulmasıydı sadece, ve kanamayı durdurmanın yarayı iyileştirmekle hiçbir ilgisi yok. Yarayı iyileştirmek yorum üzerine kurulu bir süreçtir. Yaranın ne *olduğunu* anlamaya ve deşifre etmeye girişmektir.

kesme efekti/yaranın "sesi"

Yeni, daha hızlı, daha güçlü, daha dinamik teknolojik yenilikler bulmakla övünen bir toplumuz. Her teknolojik yeniliğin beraberinde benim *yaramekân* dediğim şeye bir katkıyla geldiği gerçeğiyle boğuşmak zorunda kalmak istemiyoruz.

İnsanlar sık sık alışılmadık ölçüde yavaş bir konuşma tarzım olduğuna dikkat çekiyor. Bu sadece gırtlağımı yaralamaktan kaçınmanın bir yolu değil aslında; bu, *hız* üzerine kurulu son derece ölümcül bir yaramekânın yavaşlamasına *kişisel* bir katkıda bulunmanın yolu.

kesik/ses/yara

Dille mukayeseden söz etmen enteresan, çünkü benim de bir yaralog olarak yaklaşımım yarayı bireysel bedenle teknoloji manzarası arasındaki bir işaret gibi düşünmekten yana. Yara, etin yüzeyine bırakılan bir kayıttır ve bunu bırakan da —

kesik/ses/yara

[*Bandoneon, son ses, yaralog söze başlayınca giderek alçalır*]

Herhangi bir teknolojiyi verebileceği hasardan ayrı düşünmek imkânsız. Ve, bu açıdan, bence, bütün bir... *el yazısını* düşünüyorum, bütün bir... *el yazısı*, bu açıdan, bence...

o kültürün içindeki... kendini... incitebilme potansiyeli üzerine kurulu bir el yazısı.
[*Son ses tango, yaralog söze devam edince ses diner*]

Bu tür el yazısını deşifre ederken karşılaşılan çok fazla sorun, çok fazla yorum sorunu var. Çünkü yaralar her zaman aptala yatar. Yaralar *iflah* spontaneously from a wound is blood. If you're interested in the deeper significance, then wounds have to be *read*. They have to be *interpreted* and *deciphered.* Vulnerology, or the science of wounds, is the activity of this interpretation.

What you saw earlier was simply stopping the bleeding, and stopping the bleeding has really nothing to do with treating the wound. Treating the wound is an *interpretive* process. Attempting to understand and decipher what the wound *is*.

cuttting sound/the "voice" of the wound

We are a society that prides itself on the invention of new, faster, more powerful, more dynamic technological innovations. We do not want to have to grapple with the fact that every technological innovation carries with it a contribution to what I call the *woundscape*.

People frequently comment that I have a way of speaking that is unusually slow. Well, this is not simply a way to avoid wounding my larynx; it's a way of making a *personal* contribution toward the deceleration of a highly lethal woundscape founded on *speed*.

cut/voice/wound

It's interesting that you introduce the comparison to language because my approach as a vulnerologist is to think of the wound as a sign between the individual body and the technological landscape. The wound is an inscription that's left on the surface of the flesh by—

cut/voice/wound

[*Bundoneon, full volume, continuing lower as vulnerologist begins*]

It's impossible to think of a specific technology in separation
from the damage that it can do. And, in this sense, I think of a whole . . .
handwriting, a whole . . . *handwriting*, in this sense, I think. . .
it's a handwriting that is based on the potential within that culture to . . .
hurt. . . itself.

[*Full volume tango, fading as vulnerologist continues*]

There are a lot of problems, there are a lot of problems of interpretation that one confronts in deciphering this peculiar kind of handwriting. That's

olmaz yalancılardır.
Bir yaranın yüzeyde göründüğü hali, nadiren o yaranın bütün boyutlarının doğru bir teşhisidir.
Kanamayı durdurmanın yarayı iyileştirmekle hiçbir ilgisi yok aslında. Yarayı iyileştirmek yorum üzerine kurulu bir süreçtir. Ben yaraya bir ses verilene kadar, yara konuşabilecek şekilde güçlendirilene kadar yaranın gerçekten iyileştiğini sanmıyorum.

Hiçbir yara kendi adına konuşmaz asla. Öyleyse, yaraloğun yorumlayıcı faaliyetinin hedefi, yara için bir ses inşa etmektir.

İlk olarak yaranın bir soyutlamasını yaparız. Bir temsil inşa etmeye çalışırız — optik fiber ve fraktal geometriyle yaranın imgesini çıkarırız. Keşfettiğimiz üzere, çoğu yara, biyomekanik açıdan, insan gırtlağıyla büyük bir benzerlik gösteriyor.
Dolayısıyla sonraki adım... yaraları *konuşturmanın*... yolunu bulmaktı.

kesik/ses/yara

[*Slayt projektörü çalışır, ilk "slayt" sekansı başlar*]

Bu sonraki seri, kadın bir öznenin bir trenin başka bir trenle çarpışıp raydan çıktığı sırada yaşadığı çoklu kan travması yaralarını gösteriyor.

[*Tık*] Bu ilk projeksiyondan bedenin yüzeyinin büyük oranda dokunulmamış olduğunu görebilirsiniz. [*Tık*] Teknolojik gelişimin belli bir aşamasından önce bu ölçüde bir içsel yaranın varlığını tahayyül etmek bile imkânsızdı. [*Tık*] Bana sorarsanız bu seri teknolojik çevreyle yaramekân arasındaki bağlantıyı gayet açık bir şekilde ortaya koyuyor. [*Tık*] Kan travmasını betimlerken nereden başlayacağımıza karar vermesi zor; yaralar öyle... devasa ve yayılmış ki. [*Tık*] Ama bu projeksiyonda neredeyse bütün organların yer değiştirdiğini görebilirsiniz, ayrıca genel bir tıkanma var. [*Tık*]

[*Tango söyleyen kadın sesi son ses başlar, konuşmayla birlikte daha kısık bir şekilde devam eder. Şarkı "ders" sırasında başlar, boyunca devam eder*]

Bu sekansı çözümleme sürecinde çağdaş yaraların dilinin karmaşıklığını anlamaya başladık. [*Tık*] Ses bu karenin sol alt köşesindeki apsenin etrafını merkez almış gibi görünüyor. [Tık] Bu büyütülmüş hali. [*Tık*] Şimdi başka bir açıdan, alttan görüyoruz. [*Tık*]

[*Şarkı söyleyen kadın sesi kesilir. Tango müziği usulca başlar ve yaraloğa eşlik eder*] because wounds will always play the fool. Wounds are *compulsive liars.* The way the wound appears on the surface is rarely an accurate identification of the full dimensions of the wound.

Stopping the bleeding has really nothing to do with treating the wound. Treating the wound is an *interpretive* process. I don't feel that the wound has really been treated until it has been given a voice, until it has been empowered to *speak.*

No wound ever speaks for itself. The goal of the vulnerological interpretive activity, then, is to construct a voice for the wound.

The first thing that we do is we make an abstraction of the wound. We try to construct a representation—through fiber optics, and fractal geometry we construct the image of the wound. What we discovered is that most wounds, biomechanically, have a strong resemblance to the human larynx.
So the next step was to find ways to get . . . the wounds . . . to *speak.*

cut/voice/wound

[*Slide projector runs; first "slide" sequence begins*]

This next series shows multiple blood trauma wounds suffered by a female subject during a train collision and subsequent derailment.

[*Click*] You can see from this first projection that the surface of the body is pretty much untouched. [*Click*] It's simply impossible to conceive of this degree of internal wound prior to a certain stage of technological development. [*Click*] And I think this series demonstrates pretty well the connection between the technological environment and the woundscape. [*Click*] It's hard to know where to begin descriptively with blood trauma; the wounds are so. . . massive and widespread. [*Click*] But in this projection you can see that almost all of the organs have been displaced, and there's generalized occlusion. [*Click*]

[*Female tango singing begins full volume, continues, lower, through speech. Singing begins during "lecture" and continues throughout*]

It was over the course of analyzing this particular sequence that we began to understand the complexity of the language of contemporary wounds. [*Click*] The voice appears to center around the abscess in the lower left corner of this shot there. [*Click*] This is a magnification. [*Click*] And now we see it from a rather different perspective, from underneath. [*Click*]

Şurası aşikâr ki, hızlı tren çarpışmalarının, süpersonik jet ya da... otomobil kazalarının sonucunda oluşan bir yarayı çözümlüyorsanız yara genellikle düz anlamıyla çevrilemez. Yaraloğun pratiği, daha ziyade, yaranın *hissiyatını* edinmeye yöneliktir.

Duygusunu hissetmeye. *Niteliğini* hissetmeye. Yaranın *hissiyatını* edinmeye. Duygusunu hissetmeye. Deneyiminin daha derindeki doğasını hissetmeye. Açılması beklenebilecek *yara türlerinin* içerimlerini hissetmeye.

Tehlike, yaramekânın canavarlardan müteşekkil bir toplum yaratacak olmasında.

[*Tango yükselir ve sona erer*]

[*Projektör açılır; ikinci slayt sekansı*]

[*Tık*] Bu başa alınan bir yaranın projekte simülasyonu, tarih arşivlerimizden. [*Tık*] Aslen Alman bir piyade Verdun Muharebesi'nin ilk gününde almış yarayı, Birinci Dünya Savaşı sırasında. [Tık] Yeri gelmişken, bu savaş çağdaş yaramekânın oluşumunda merkezi bir rol oynadı. [*Tık*] Bu büyütülmüş fraktal tomograftaysa her yere yayılmış indusium griseumu görebilirsiniz. [*Tık*]

[*Almanca şarkı — Birinci Dünya Savaşı cenaze marşı — belli belirsiz başlar*]

Sağ alttaki sis kümesi öznenin hipotalamusun derinliklerindeki nöronların iletiminde retrograd bir çığ etkisinden mustarip olduğuna işaret ediyor gibi. [*Tık*] Sekizle on iki yaşları arasındaki bir çocuğun ezilmiş beyninin gangliyonlarında kalan yara izlerini takip ederseniz, yaranın sesi olduğunu düşündüğümüz şeyi görebilirsiniz. [*Tık*]

[*Şarkı son ses. Tık. Şarkının sonu; sonra bandoneon tango başlıyor yine düşük perdeden, alttan devam ediyor*]
Dille mukayeseden bahsetmen enteresan çünkü Batı geleneğinde kelimeyle yara arasında çok derin bir ilişki var.
İsa'nın bedenindeki beş yarayı düşünürsen, örneğin — yani, teolojik açıdan bu yaralardan her biri, İsa'nın asli insanlığının kan üzerinden otantik bir teyidini temsil ediyor.

Her yara Tanrı kelamına çıkan bir açılma ve İsa'nın haç üzerindeki bedeni de, öyleyse, kutsal metnin canlı bir tecessümü.

Yara tiyatrosu bir *bellek* tiyatrosudur.
Bir şekilde, ruhun kelime haznesiyle etin kelime haznesi kesişiyor bu imgede.

[*Female singing ends. The music begins quietly and continues through vulnerologist*]

Obviously, if you're analyzing a wound resulting from a collision of bullet trains or a crash of a supersonic jet or an . . . automobile collision, the literal meaning of the wound frequently cannot be translated. The practice of the vulnerologist is oriented more toward getting the *feel* of the wound.

Sensing its *emotion*. Sensing its *quality*. Getting the *feel* of the wound. Sensing its emotion. Sensing the deeper nature of its experience. Sensing the implications of the *kinds of wounds* that can be expected.
The danger is that the woundscape will produce a society of monsters.

[*Tango swells and ends*]

[*Slide projector turned on; second slide sequence*]

[*Click*] This is a projected simulation of a head wound, taken from our historical archives. [*Click*] It was originally suffered by a German foot soldier, on the first day of the Battle of Verdun, during the First World War. [*Click*] A battle, which, incidentally, played a critical role in the formation of the contemporary woundscape. [*Click*] And in this magnified fractal tomograph, you can see the thoroughly dispersed endusium grisium. [*Click*]

[*German singing—World War I funeral march—begins faintly*]

That foggy mass in the lower right would seem to indicate that the subject suffered a retrograde conduction avalanche deep inside the hypothalamus. [*Click*] If you follow the residual wound tract through the crushed tween-brain ganglion, you can see what we think is the wound's voice.[*Click*]

[*Singing is full volume. Click. End of singing; then bandoneon tango begins again low, continues through below*]

It's interesting that you introduce the comparison to language because in Western tradition there's a very deep relationship between word and wound.
If you think, for example, of the five wounds in the body of Christ—
Well, theologically, each one of those wounds represents an authentic verification, in blood, of the essential humanity of Christ.

Each wound is an *opening* into the word of God, and the body of Christ on

[*Bandoneon/son ses tango müziği, sona eriyor. Projektör üçüncü slayt sekansını döndürüyor*]

[*Tık*] Bu son seri üçüncü yara kategorisini gösteriyor. Fizyolojik açıdan değil, genetik açıdan görünür yaralar. [*Tık*] Bu, ebeveynleri uzun süre radyoaktif atığa maruz kalmış yenidoğan bir bebeğin kromozom yapısı. [*Tık*] Bilgisayar yardımıyla art arda beş kuşağı bu yaranın dilinde simüle ettik. [*Tık*]

[*Yara konuşur: Beş kuşaklık cırlama sesi, her biri öncekinden daha tiz. Tango müziği, son ses*]

Herhangi bir teknolojiyi verebileceği hasardan ayrı düşünmek imkânsız. Ve, bu açıdan, bence, bütün bir... *el yazısını* düşünüyorum, bütün bir... *el yazısı*, bu açıdan, bence...
o kültürün içindeki... kendini... incitebilme potansiyeli üzerine kurulu bir el yazısı.

[*Tango müziği, son ses, sonraki düşünceler dizisiyle diner*]

Bu... bu tür el yazısını deşifre ederken karşılaşılan çok fazla sorun... çok fazla yorum sorunu var. Yaralar kolayca erişilebilir bir dilde konuşmaz. Yara, etin yüzeyine bırakılan bir kayıttır ve bunu bırakan da teknolojik bir beden olan bu diğer bedendir.

Yarayı iyileştirmek *yorum* üzerine kurulu bir süreçtir. Yaranın ne olduğunu anlamaya ve deşifre etmeye girişmektir. Gözünü yaranın karanlık deliğine dikmektir. Yaranın *uçurumuna*. Geriye bakmak — saplantıyla, yaraya saplanarak. *Kanı veren* yaraya.

kesik/ses/yara

Bir yaralog olarak çalışmak cenazecilerinki gibi istenmeyen bir damga vuruyor insana — ne de olsa yaralar ölü öznel deneyimi, çoğu kişinin bastırmayı ya da unutmayı yeğleyeceği ölü deneyimi temsil ediyor. Yaralar çoğu kişinin bastırmayı ya da unutmayı yeğleyeceği deneyim belleğinin fiziksel depolarıdır.

Yara alma deneyimi bir şoktur ve şokla amnezi arasındaki bağlantı gayet iyi bilinmektedir. Yaralarının anlam ve öneminin teslim edilmesine karşı dev bir bireysel ve kültürel direnç sözkonusu. Yara tiyatrosu çoğu insanın bastırmayı ya da unutmayı yeğleyeceği bir *bellek* tiyatrosudur.

the cross is then a living materialization of scripture.

The theater of wounds is a memory theater.

Somehow the vocabulary of the spirit and the vocabulary of the flesh intersect in this image.

[*Bandoneon/tango music full volume, ends. Slide projector runs third slide sequence*]

[*Click*] This last series illustrates the third category of wounds. Wounds that are visible, not physiologically, but genetically. [*Click*] This is the chromosomal structure of an infant born to parents who suffered prolonged exposure to radioactive waste. [*Click*] With the assistanceof a computer, what we've done is simulate five successive generations in the language of this wound. [*Click*]

[*the wound speaks: five generations of screeching, each higher pitched than the one before. Tango music, full volume*]

It's impossible to think of a specific technology in separation from the damage that it can do. And, in this sense, I think of a whole . . . *handwriting*, a whole . . . *handwriting*, in this sense, I think . . . it's a handwriting that is based on the potential within that culture to . . . hurt. . . itself.

[*Tango music, full volume, dies out in next rumination*]

There are a lot of problems . . . there are a lot of problems of interpretation that one confronts in deciphering this . . . peculiar kind of handwriting. Wounds do not speak a language that is readily accessible. The wound is an inscription that's left on the surface of the flesh by this other body, which is a technological body.

Treating the wound is an *interpretive* process. Attempting to understand and decipher what the wound *is*. Staring into the dark *hole* of the wound. The *abyss* of the wound. Looking backward obsessively, fixated on the wound: which *gave blood*.

cat/voice/wound

Working as a vulnerologist carries the same kind of stigma as a mortician—wounds, after all, represent dead subjective experience, dead experience that most people would prefer to suppress or forget. Wounds are the

O zaman bunu neden yaparız? Bu zor bir soru. Yaralar kendi adlarına konuşamaz. Öte yandan yaralar büyük bir önem taşıyan hikâyelerin kanıtlarıdır. İhmal edilirlerse, görmezden gelinirlerse, öylesine bir dikiş atılıp unutulurlarsa, kendimize bakamayacağımız bir noktaya geliriz. Yaralar daha da derinleşir, daha az görünür, daha yapısal, hatta genetik bir hal alır. Ancak ikinci ya da üçüncü kuşakta görünen yaralar olur.

Yara tiyatrosu bir bellek tiyatrosudur. *Şimdi* yaralara bakmaktaki, yaraları *şimdi* yorumlamaktaki beceriksizliğimiz, canavarlardan müteşekkil bir toplum doğurmaya götürebilir bizi.

[*Ameliyathane seslerine dönüş*]

Pek *hoş bir kesik değil bu* . . . Ama hallederiz. Makas . . .
Şimdi . . . bakalım kenarlarını temizleyebilecek miyiz. Tamam. Çok fazla . . .
çok fazla kan kaybediyoruz. Sen şöyle . . . evet, doğru.
Çengelle tuttur yeter. Teşekkür ederim.

Bir de, ee . . . Tamam. Bakalım altına girebilecek miyiz . . . hah, geliyor işte... *hepsini* buradan çıkarmak lazım... sonra kapatacağız ve kimse farkı anlamayacak bile.

kesik/ses/yara

[*Bandoneon başlar, yaraloğa eşlik eder*]

Yaralar teker teker kaybedilir. Görmezden gelinir, bastırılır, unutulur. Kabuk bağlar ve kaybolup gider. Onları bir koroda bir araya getirebilmeyi umuyorum. Belki o... koro... duyulur.

[*Müzik biter. Yayın biter*]

physical repositories for the memory of experience that most people would prefer to suppress or forget.

The experience of receiving a wound is a shock, and the connection between shock and amnesia is pretty well known. There's simply a massive individual and cultural resistance to recognizing the significance of wounds. The theater of wounds is a *memory* theater which most people would prefer to suppress or forget.

So why do we do it? That's a difficult question. Wounds cannot speak for themselves. And yet wounds are the evidence of stories that are of profound importance. If they are neglected, ignored, simply stitched up and forgotten, then we will get to the point where we can't look at ourselves. The wounds become deeper, less apparent, more *structural*, if you will, even *genetic*. Wounds that become apparent only in the second or third generation.

The theater of wounds is a *memory* theater. Our failure to look at wounds *now*, and interpret them *now*, may lead us to give birth to a society of monsters.

[*Return to the sounds of the operating room*]

It is *not a pretty cut* . . . But we'll get it. The scissors . . .
And . . . let's see if we can clean it up here around the edges. OK. We're losing . . . we're losing a lot of blood. Could you . . . yeah, that's right.
Just hook it up. Thank you.
And, uh . . . OK. Now let's see if we can get under that . . .
yeah, it's coming . . . got to get all that *stuff* out of there . . . and we'll be able to close it up and no one will ever tell the difference.

cut/voice/wound

[*Bandoneon begins, continues through vulnerologist*]

Wounds are lost individually. They're ignored, they're suppressed, they're forgotten. They scab over and they're gone. My hope is that I can join them together in a chorus. And perhaps that . . . chorus . . . will be heard.

[*Music ends. Broadcast ends*]

Gregory Whitehead

Beyond the Pleasure Principle: Towards a Body without Organs

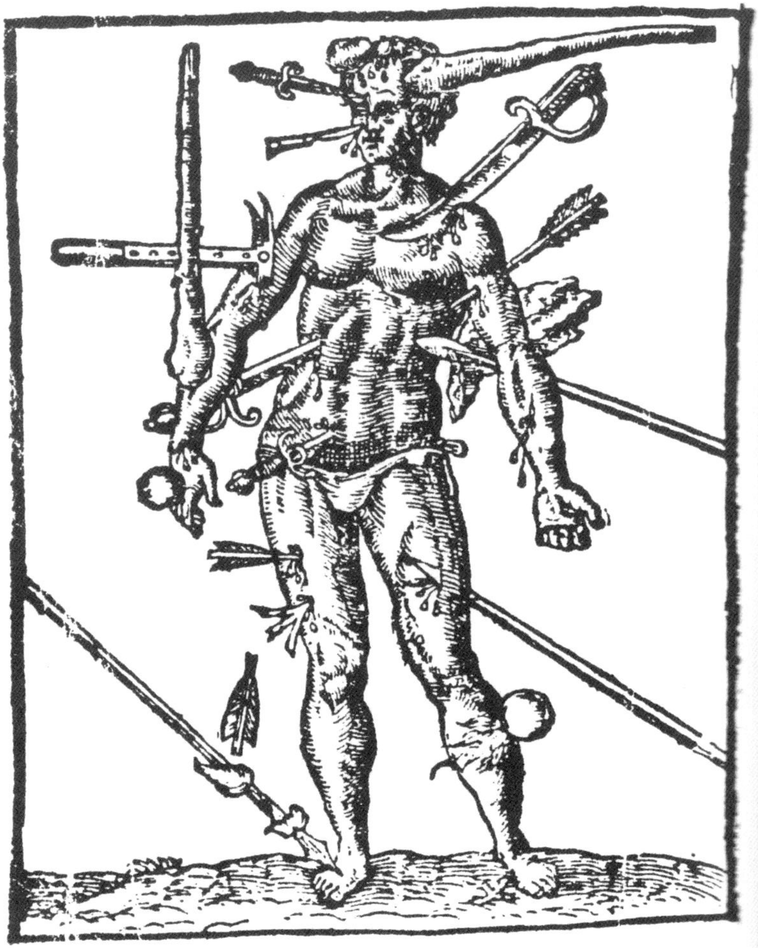

BEYOND THE PLEASURE PRINCIPLE
towards a body without organs

Gregory Whitehead

FIGURE 1-5 (archival). Supreme vulnerographic magnification of classical San Sebastiano puncture trauma, as recorded by Andrea Mantegna (Isola di cartura 1431 - Mantova 1506). For comparative perspective on Word / Wound interpretation, see relic represented in Figure 7-5. FIGURE 1-27a. Blunt trauma, first post-operative day. Subject (male) suffered a crushed member inflected by the sudden tumble of a low-silica ossification, range and caliber unknown. FIGURE 2-5b. Lateral view of the false aneurysm. Notice again the defect in the radial artery, continued perfusion of the artery despite injury, and the blushing of the epiphyseal plates at both radius and vulva. FIGURE 2-10. Rare archival angiogram, (female) subject unknown; deep perforations inflame liminal regions of the sub-uterine wall. FIGURE 2-11. Magification of inflamed area in Figure 2-10; multiple surface abrasions have precipitated the formation of hetero-labial pili incarnati, producing the distinct impression of a feigned papillomic eruption. FIGURE 2-12e (rare). The structurally pathological implications of these partially occluded surface lacerations amply demonstrate that *as a result of the ceaseless impact of external stimuli on the surface of the vesicle, its substance to a certain depth may have become permanently modified.* FIGURE 2-13. Compound head trauma resulting from an explosion in a shingle factory. Except for palsy of the left abducent nerve, subject remained neurologically intact during the first day after trauma. Shortly after admission, he developed ptosis of the left eye followed by right hemiparesis, with gradual deterioration at base of skull (marked). FIGURE 3-3. Abstract Lacrymosa (duplicate). FIGURE 3-12. Direct impalation of the trachea has left a wide area of syntagmatic destruction transecting the extreme ulterior corniculates and depositing an abnormally occluded and hemotrophic paralipsis in the post-glottal corpus compulsion. FIGURE 3-17 (revised). Detail of scout film on third post-trauma day. Multiple magmatic gas bubbles in descending gutter and in Gerota's fascia, representing imbric fat necrosis due to the surprise spillage of papillomic lava through duodenal perforations. FIGURE 3-22b (out of sequence). Impenetrable auto-castration; the only entry into the whole family of human wounds that simply can't be re-membered. FIGURE 3-29. Widespread intrapelvic trauma compounded by rare sublingual contusions. Note the unusually pitched lacrymosa; but the common gluteals are roughly the same diameter as the inferior femorals! From this, we can infer significant and obsessive surface display directly prior to impact penetration. FIGURE 3-37. High power magnification of left index digit puncture trauma; dactylosis spontanea provokes the unusual signature of phantom defluvium across residual wound tract. FIGURE 4-8. Admission chest film: an expanding apical hemotoma speaks against prompt esophagal catheterization. Observe arterial bleeding between the internal mammary artery and the metallic end of the chest tube adjacent to it—traumatic fillial attachment? FIGURE 4-11. MEDUSA'S HEAD (pseudonymous). FIGURE 4-14. No surprises here; a post-mortem autopsy revealed profound multiple ruptures of the superior undulatus delectae. Compare the bloated tissues enveloping the residual wound tract to a standard tissue sample slide—the subject (male) quite literally drowned in a sudden massive release of his own excess body fluids. FIGURE 4-15. Blunt trauma shatter dispersion of vagus nerve (L. vagus, -wandering); subject left utterly speechless. FIGURE 4-23. Handgun, 0.38, extreme close range, direction undetermined. Shatter expansion of the left porus acusticus internus resulting from rapid projectile gyrations is partially obscured by the utter dematerialization of the superior cerebral corpus flagellanti. And where is the residual wound tract? FIGURE 4-29a. Blunt trauma, subject unknown. Note well the crushed parasympathetic ganglia distal to the rectal magnificat—might this be an occasion for exploratory tympanic lip transplant? FIGURE 4-31 (archival). Head wound suffered by a German footsoldier on the first day of the Battle of Verdun. Comparison to the shatter expansion in Figure 4-23 provides historical perspective on woundscape development. FIGURE 4-41. Aerial photograph of woundscape following BOMBARDIMENTO DI ADRIANOPOLI: *tumb-tumb-tumb-tumb 2000 granate protese strappare con schianti schianti schianti schianti schianti ...* FIGURE V, ii. HORATIO: *Now cracks a noble heart. Good night, sweet prince, and flights of angels sing thee to thy rest.* FIGURE 5-8. Head wound, magnified fractal tomograph of the perforated induseum griseum. Upon admission, patient was critically athetosic and displayed signs of having suffered a prolonged retrograde conduction avalanche deep inside the hippothalmus, crushing the right distal 'tweenbrain ganglia. FIGURE 5-9. Tomashevskii effect: The subject was severely wounded by lacerations along the tracheal rim, inducing repetitive intradiaphramatic avulsions to the nascent epiglottis, gravely impairing the hole of the speech apparatus. FIGURE 5-18a. Puncture wound, left hand. Note the halo of arterioles and the radiant capillary blush around the partially occluded remission. Given the densely clotted hermeneutic partial to the expanding hemotoma, subject should be treated with extreme unction. FIGURE 5-18b. Same subject, right hand. Severe bone decalcification at center left producing a striking resemblance between the partially amputated princeps principi artery (on the ventral aspect of the thumb) and the total unstretched rima glottidis reproduced in Figure 5-9. FIGURE 5-34 (diminuendo) TOTENKLAGE. FIGURE 6-6b. This is an earlier film from the same study, showing discontinuation of the radial artery after a stab wound of the cubital fossa. Although there is no bleeding, the large hemotoma must be evacuated if the subject is to remain complete *in all the parts of a man.* FIGURE 6-10. Puncture trauma victim (female), object of penetration unknown. Hypertrophic lacerations along interior surface of inflamed labial lacuna compounded by widespread eruption of infectious low-silica lava. No known surgical treatment; subject recommended for prolonged uteroscopic scrutiny. FIGURE 6-21a. Selective left testicular arteriogram; arrow marks direction of penetration. The short distance between the point of bone collision and the termination of the residual wound tract, together with the absence of a wide scatter of metallic fragments, indicates that at the moment of climax very little energy was left in the bullet. FIGURE 6-32 (archival). Textbook case of "Railway Spine," dating from mid-19th century. See William Camps, RAILWAY ACCIDENTS OR COLLISIONS: THEIR EFFECTS, IMMEDIATE AND REMOTE, UPON THE BRAIN AND SPINAL CORD (London, 1866), p. 47. FIGURE 7-5 (relic). How to construe the deeper meaning of the Word inscribed by His Handwriting into the Flesh of His Son: *genitum, non factum, consubstantialem Patri*? FIGURE 7-21. Puncture trauma, caliber and range unknown. Anterior entry with skin-to-skin penetration. Note the change in position of the entry wound on the labial occlipsis; this could create a distorted impression of the true position and direction of the residual wound tract. FIGURE 7-21a. Blunt trauma, head: frontal magnification. Crushed Broca's area compounded by sustained ganglionic decussation. Upon admission, subject exhibited early symptoms of translimbic glossolallia—but note the untouched cava delecta! FIGURE 7-21b. Same subject, fifth post-traumatic day. Mandibular ganglions have deteriorated, as evidenced by widespread sublingual Ruffini nodule deposits. Atrophied Broca's area partially obscures the still untouched (?!) cava delecta. FIGURE 7-21c. Blunt trauma, head. Do not be misled by the biomechanical resemblance to the human larynx; this wound is irretrievably aphasic. FIGURE 7-31. Self-inflicted, 0.22 Handgun, close range, direction caudad. Right paramedian entry, 6 cm. below the level of the umbilicus. The residual wound tract is through the groin. Laparotomy revealed an entirely extrapudendal residual wound tract despite widespread fat necrosis in the adjacent monastery. Intimal flap of dissection or accumulation of intraluminal clot? FIGURE 7-36. Hunting rifle injury, close range. Transection and thrombosis of the superficial femoral artery are present. Compare the extensive soft tissue injury with that of the puncture wound patient in Figure 7-21; note well the opacified distal disfiguration. FIGURE 7-48. Pyroscopic vulneroglyph (see text) inscribing typically hypertrophic lavial perforations. The so-called Rim of Fire is a virtual factory of similar contributions to the geodermic woundscape. FIGURE 7-49. Selective right pulmonary angiogram (50 ml at 18 ml/sec), showing effects of widespread blunt trauma suffered after the climax but prior to the application of extreme unction. The entire heart displayed poor contractility; the right ventricular myocardium was cyonic but not infarcted. FIGURE 8-1b. Traumatic displacement of undular entrails anticipates the genesis of a total stimulus shield: material at last, *a body without organs*! FIGURE 8-14. Injury by shotgun slug, self-inflicted, close range. Notice the wide destruction of bones and soft tissue. The arteriogram shows traumatic displacement of both fallopian tubes compounded by ancillary sub-intimate womb inversion. FIGURE 8-22 (undated and unsigned). THE SCAR OF ODYSSEUS. Despite uncertain authentification, convincing demonstration that the interpretation of oral wounds need not depend entirely on faulty manducation techniques. Compare to Figure 4-41. FIGURE 9-1. Following bullet train collision, subject (female) suffered acute amnesia. Note well the utter dislocation of procreative organs; storing the fate of future generations, the memory of wounds is strictly involuntary. FIGURE 9-13a. Fractal genetigram, first generation; subject suffered prolonged exposure to radioactive waste. Signs of emphatic chromosomal paralipsis mark well the path of future mutation. FIGURE 9-13b. Fractal genetigram, simulated second generation. Surface punctures signify utter structural depravity viz. DNA matrix; subject's real body surface at this stage becomes waxy and viscous: DO NOT TOUCH! FIGURE 9-13c. The crisis of the Third Generation. FIGURE 9-13d. Fourth Generation simulation. Genetic wound mnemonic automatism propels the subject right out of the species—real body surface displays course protective ridges with frequent slime secretions parallel to the pit. FIGURE 9-13e. By the Fifth Generation, the chromosomal matrix has passed fom the genetic to the geologic. FIGURE 11-4 (see text). FIGURE 11-30 (revived). NICK: *You ...you swing wild, don't you?* MARTHA: *Hah!* NICK: *Just ... anywhere.* MARTHA: *Hah! I'm a Gatling gun. Hahahahahahahahahahahahah!* NICK: *Aimless ... butchery. Pointless.* FIGURE 12-2b. Aerial photograph of multiple spinal contusions suffered by the Angel of History following a high-speed collision against oblivion. FIGURE 12-18. Deep thoracic puncture provides living and final proof that the wound is the only hole into the human body out of which nothing comes but itself.

Biyografiler

Özgür Demirci
Özgür Demirci farklı mecraları kullanan bir sanatçı. Eserlerinin büyük kısmı videolardan, nesnelerden ve enstalasyonlardan oluşuyor. Seçilmiş sergilerinden bazıları: Vaatler Antolojisi, Pilot Galeri, İstanbul 2022; 19. Medya Sanat Bienali, WRO 2021 REVERSO, Wrocław (2021); 9. Atina Video ve Şiir Festivali (2021); Proyector Video Festivali, Madrid (2021); Trumbauer Aile Koleksiyonu, Kasa Galeri, İstanbul (2017); 8. MakeDox Film Festivali, Üsküp (2017); 36. İstanbul Film Festivali, İstanbul (2017); En Masse: Books Orchestrated, The Center for Book Arts, New York (2017); Kassel Dokfest, Kasseler Kunstverein, Kassel (2015); İthaf Edilmiş, Öktem Aykut Galeri, İstanbul (2015); Stay With Me, Weserburg Museum, Bremen (2014); Migrating University of Mickiewicz, Adam Mickiewicz Museum, İstanbul (2014); Check Point, Depo, İstanbul (2013); Uçaklar, Trenler, Otomobiller ve Tekneler, SALT, İstanbul (2011).

Alev Ersan
Alev Ersan'ın çalışmaları kaynağını anlatı ve metin kompozisyonlarından alıyor. Çeviri, animasyon, şiir alanlarında ve metin, ses ve çizimlerden oluşan enstalasyonlar ile ifade buluyor. Dil ve bellek Ersan'ın çalışmalarının sabit dip akıntıları niteliğindedir ve çalışmalarının önemli bir kısmını ortak üretim ve işbirlikleri oluşturur. Enstalasyon ve performans çalışmaları ve ortak üretimleri The Cultch, Vancouver East Cultural Center, Firehall Arts Center, dOCUMENTA(13) ve 13. Sharjah Bienali, BAHAR sergilerinde gösterildi. Şiir, yazı ve çevirileri Canadian Literature: A Quarterly of criticism and Review, Aeolian Visions/Versions, Morality In Fragments-Kunstinstituut Melly, RE: (AAP) Arter Araştırma Programı ve yakın zamanda Venedik Bienali Türkiye Pavyonu için üretilen Füsun Onur monografisinde yer aldı.

Gamze Hakverdi
Hakverdi lisansüstü eğitimini Hacettepe Üniversitesi İletişim Fakültesi'nde tamamladı. 2007 ile 2017 yılları arasında aynı fakültede araştırma görevlisi olarak çalıştı. Yeni Türk sinemasını estetik açıdan incelediği lisansüstü tez çalışması, *Su, Sis ve Toprak: Yeni Türk Sinemasının Film-İmgeleri* adıyla Dipnot Yayınları'nca 2013'te yayımlandı. Doktora eğitimini 2016 yılında Ankara Üniversitesi İletişim Fakültesi'nde tamamladı. Yaralanabilirlik üzerine psikanalitik perspektifle saha çalışması yürüttüğü doktora tezi Metis Yayınları'ndan 2021'de *Vulnus: Kırılganlık Üzerine* başlığıyla yayımlandı ve 2022'de ikinci baskı yaptı. Sinema ve görsel çalışmalar alanında çeşitli makaleleri, kısa filmleri ve video-enstalasyonları bulunmaktadır. Günümüzde Roma'da yaşıyor ve yeni metinsel/görsel araştırma konuları üzerine düşünmeye devam ediyor.

Biographies

Özgür Demirci
Özgür Demirci works with various media. A large part of his oeuvre consists of videos, objects, and installations. His selected exhibitions include Anthology of Promises, Pilot Gallery, Istanbul 2022, the 19th Media Art Biennale WRO 2021 REVERSO, Wroclaw (2021); the 9th Athens Video and Poetry Festival, Athens (2021); Proyector Video Festival, Madrid (2021); Trumbauer Family Collection, Kasa Gallery, Istanbul (2017); the 8. Makedox Film Festival, Skopje (2017); the 36th Istanbul Film Festival, Istanbul (2017); En Masse: Books Orchestrated, The Center for Book Arts, New York (2017); Kassel Dokfest, Kasseler Kunstverein, Kassel (2015); Dedicated, Öktem Aykut Gallery, İstanbul (2015); Stay With Me, Weserburg Museum, Bremen (2014); Migrating University of Mickiewicz, Adam Mickiewicz Museum, İstanbul (2014); Check Point, Depo, Istanbul (2013); Planes, Trains, Automobiles and Boats, SALT, İstanbul (2011).

Alev Ersan
Alev Ersan's work has its roots in composition and narrative, and is developed through the mediums of literary translation, animation, poetry, and installations using text, sound, and drawings. Language and memory are constant undercurrents and collaboration a frequent mode of working. Her collaborations have been shown at The Cultch, Vancouver East Cultural Center, Firehall Arts, dOCUMENTA (13), and Sharjah 13th Biennial Offsite Projects Istanbul. Her poetry, writing and translations have appeared in Canadian Literature: A Quarterly of Criticism and Review, Aeolian Visions/Versions, Morality in Fragments-Kunstinstituut Melly, RE: (AAP) Arter Artistic Research Program, and most recently in the Monograph for Füsun Onur for the Turkish Pavillion at La Biennale di Venezia.

Gamze Hakverdi
Hakverdi completed her graduate studies at Hacettepe University Faculty of Communication. She worked as a research assistant at the same faculty between 2007 and 2017. Her master's thesis, which examines the new Turkish cinema from an aesthetic point of view, was published in 2013 by Dipnot, under the title of Water, Fog and Soil: Film-Images of New Turkish Cinema. She completed her doctoral degree in the Faculty of Communication at Ankara University in 2016. Her doctoral dissertation, in which she conducted the field research on vulnerability from a psychoanalytic perspective, was published by Metis in 2021, under the title *Vulnus: On Vulnerability*, and printed in a second edition in 2022. She is the author of several articles on cinema and visual studies, as well as of short films and video-installations. She currently lives in Rome, and continues to reflect on new textual / visual research ideas.

Gordon Hall
Gordon Hall New York'ta yaşayan bir heykeltıraş, performans sanatçısı ve yazar. Başlıca kişisel sergileri 2019'da Portland Çağdaş Sanat Enstitüsü'nde, 2018'de The Renaissance Society'de, 2016'da Temple Contemporary'de, 2014'te EMPAC'de açıldı. Hall'un heykel ve performanslarının sergilendiği karma sergilerden bazıları: AIR Gallery, 2021; Verge Center for the Arts, 2019; The Drawing Center, 2018; Socrates Sculpture Park, Wysing Arts Centre ve Abrons Arts Center, 2017; Art in General, 2016; White Columns, Whitney Museum of American Art, Hessel Museum, Bard College, 2015; ve The Brooklyn Museum, 2014. Yazdığı kitaplar arasında ise *Other People's Houses* (AIR Gallery, 2021); *The Number of Inches Between Them* (MIT, 2019); OVER-BELIEFS, *Gordon Hall Collected Writing* 2011-2018 (PICA/Container Corps, 2019); *Reading Things—Gordon Hall on Gender, Sculpture, and Relearning How To See* (Walker Art Center, 2016) ve AND PER SE AND (Art in General, 2016) sayılabilir.

Johanna Hedva
Johanna Hedva Los Angeles'ta cadılarla dolu bir ailede büyüyen ve günümüzde LA ve Berlin'de yaşayan Koreli-Amerikalı bir yazar, ressam, müzisyen ve astrolog. *On Hell* (2018) adlı romanın ve şiir, oyun ve makale derlemesi *Minerva the Miscarriage of the Brain*'in (2020) yazarı. Eserleri Londra'da Çağdaş Sanatlar Enstitüsü'nde, Performance Space New York'ta, LA Architecture and Design Museum'da ve Museum of Contemporary Art on the Moon'da gösterildi. Yazıları *Triple Canopy*, *frieze* ve *The White Review*'de yayımlandı ve Whitechapel'in Documents of Contemporary Art seçkisine dahil edildi. "Hasta Kadın Teorisi" başlıklı makalesi 2016'da Mask'te yayımlandı ve altı dile çevrildi. The Sun and the Moon (2019) ve Black Moon Lilith in Pisces in the 4th House (2020) adlı iki albümü var.

Adelita Husni-Bey
Adelita Husni-Bey, anarko-kolektivizm, tiyatro, hukuk ve şehir çalışmaları ile ilgilenen bir sanatçı ve pedagog. Çağdaş sanatlar çerçevesinde rekabetçi olmayan pedagojik modelleri kullanmaya odaklanan toplanmalar örgütleyip atölyeler ve sergiler düzenliyor. Aktivistler, mimarlar, hukukçular, okul çocukları, şairler, oyuncular, şehir planlamacıları, fizyoterapistler, sporcular, öğretmenler ve farklı geçmişlerden öğrencilerle çalışarak eserlerinde kapitalizm şartları altında kolektivite gerçekliğini dile getirmeye odaklanıyor. Sergilerinden bazıları: Maktspill, Bergen Kunsthall (2020); Chiron, New Museum (2019); Being: New Photography, MoMA (2018); Dreamlands, Whitney Museum (2016); The Eighth Climate, 11. Gwangju Bienali (2015). Husni-Bey 2012 Whitney Independent Study Program ve 2020-2022 Vera List Center katılımcılarından biri,

Gordon Hall
Gordon Hall is a sculptor, performance-maker, and writer based in New York. Hall has presented solo exhibitions at Portland Institute for Contemporary Art in 2019; MIT List Visual Arts Center and The Renaissance Society in 2018; Temple Contemporary in 2016; and EMPAC in 2014, among others. Hall's sculptures and performances have been exhibited in a variety of group settings including AIR Gallery in 2021; Verge Center for the Arts in 2019, The Drawing Center in 2018, Socrates Sculpture Park, Wysing Arts Center, and Abrons Arts Center in 2017; Art in General in 2016; White Columns, Whitney Museum of American Art, and Hessel Museum at Bard College in 2015; and The Brooklyn Museum in 2014, among many other venues. Hall's books include Other People's Houses (AIR Gallery, 2021); The Number of Inches Between Them (MIT 2019); OVER-BELIEFS, Gordon Hall Collected Writing 2011-2018 (PICA/Container Corps, 2019); Reading Things—Gordon Hall on Gender, Sculpture, and Relearning How To See (Walker Art Center, 2016), and AND PER SE AND (Art in General, 2016).

Johanna Hedva
Johanna Hedva is a Korean-American writer, artist, musician, and astrologer, who was raised in Los Angeles by a family of witches, and now lives in LA and Berlin. They are the author of the novel, *On Hell* (2018), and the collection of poetry, plays, and essays, Minerva the Miscarriage of the Brain, 2020. Their work has been shown at The Institute of Contemporary Arts in London, Performance Space New York, the LA Architecture and Design Museum, and the Museum of Contemporary Art on the Moon. Hedva's writing has appeared in *Triple Canopy*, *frieze*, and *The White Review*, and is anthologized in the Documents of Contemporary Art series by Whitechapel. Their essay "Sick Woman Theory," published in 2016 in Mask, has been translated into six languages. Their albums are The Sun and the Moon (2019) and Black Moon Lilith in Pisces in the 4th House (2020).

Adelita Husni-Bey
Adelita Husni-Bey is an artist and pedagogue interested in anarcho-collectivism, theater, law and urban studies. She organizes gatherings, produces workshops and exhibition work focused on using non-competitive pedagogical models through the framework of contemporary art. Working with activists, architects, jurists, schoolchildren, spoken word poets, actors, urbanists, physical therapists, athletes, teachers and students across different backgrounds her work focuses on articulating the reality of collectivity under capitalism. Exhibitions include: Maktspill Bergen Kunsthall (2020); Chiron, New Museum (2019); Being: New Photography, MoMA

ayrıca 2017 Venedik Bienali'nde İtalya'yı temsil etti.

Amal Kenawy

Amal Kenawy siyasal, toplumsal ve feminist meseleleri incelemek üzere resim, çizim ve ayrıca video enstalasyon, performans dokümantasyonu ve arşiv malzemeleriyle çalıştı, animasyonlarında ölüm ve yeniden doğum konuları üzerine düşündü. Eserleri *Homage to Amal Kenawy*, Halit Şoman Vakfı, Darat Al Funun, Amman (2012), Karim Francis Çağdaş Sanat Galerisi, Kahire (2006) başta olmak üzere pek çok kişisel sergide öne çıktı. Yer aldığı karma sergiler arasında 12. Berlin Bienali (2022); *Our World is Burning*, Palais de Tokyo, Paris (2020); Rabat Bienali (2019); *In Rebellion: Female Narratives In The Arab World*, Institut Valencià d'Art Modern (IVAM), Valensiya (2017); *Demonstrating Minds: Disagreements in Contemporary Art*, Kiasma Çağdaş Sanat Müzesi, Helsinki (2015); *The Divine Comedy*, Museum für Moderne Kunst (MMK), Frankfurt (2014); 52. Uluslararası Venedik Bienali (2007) ve 8. Sharjah Bienali (2007) var.

Nicolás Grandi & Lata Mani

Lata Mani feminist bir tarihçi, kültür eleştirmeni, düşünür, yazar ve yönetmen. Feminizmden kolonyalizme, hastalıktan spiritüel felsefe ve çağdaş siyasete varan geniş bir yelpazede kitap ve makaleler kaleme aldı. California Üniversitesi Kadın Çalışmaları Bölümü'ndeyken 1993'te başına aldığı darbeyle hastalık ve engelliliğin dünyasına adım attı. Bu deneyim yeni bir fiziksel, düşünsel ve ruhsal dönüşüm evresinin başlangıcı oldu ve toplumsal adalete yönelik önceki taahhütlerini beklenmedik şekillerde derinleştirdi. O zamandan beri yazıları acil çözüm bekleyen sosyokültürel meseleleri ele alırken hem dünyevi hem de fikri çerçevelere dayanıyor. Yakın zamanda metnin ötesine geçti, imge ve seslerle deneyler yapmanın tadını çıkarıyor.

Nicolás Grandi Buenos Aires merkezli bir yönetmen, disiplinlerarası sanatçı ve eğitimci. Arjantin ve Hindistan'da üniversite, lise ve halka açık atölyelerde film teorisi ve pratiği üzerine dersler veriyor, ayrıca sinema, şiir, müzik ve heykelin kesişim noktalarında çalışan pek çok kolektifin kurucularından. Günümüzde transdisipliner sanat laboratuvarları yürütüyor, Buenos Aires UNTREF'te Hareketli Görüntü Teorisi dersi veriyor ve Arjantin'in ulusal yayın sistemi için TV prodüksiyonlarında süpervizörlük yapıyor. *La Pasión Según Ander* (2005), *Casafuerte* (2004), *Esa Puta Esperanza* (2001) ve *Simon Decouvre* (2000) de dahil olmak üzere filmleri dünyanın dört bir yanındaki film festivallerinde gösterildi.

(2018); Dreamlands, Whitney Museum (2016); The Eighth Climate, the 11th Gwangju Biennale (2015). She is a 2012 Whitney Independent Study Program fellow, a 2020-2022 Vera List Center fellow and has represented Italy at the Venice Biennale of Art, 2017 with a video installation rooted in anti-extractivist struggles.

Amal Kenawy
Amal Kenawy worked with painting, drawing, as well as video works, installations, performance documentation, and archival material in order to explore political, social, and feminist issues, and reflected on topics of death and regeneration through animation. Her work has featured in several solo exhibitions, including *Homage to Amal Kenawy*, The Khalid Shoman Foundation, Darat Al Funun, Amman (2012), Karim Francis Contemporary Art Gallery, Cairo (2006). Her work has also been shown in group exhibitions, such as the 12th Berlin Biennial (2022); *Our World is Burning*, Palais de Tokyo, Paris (2020); Rabat Biennial (2019); *In Rebellion: Female Narratives In The Arab World*, Institut Valencià d'Art Modern (IVAM), Valencia (2017); *Demonstrating Minds: Disagreements in Contemporary Art*, Kiasma, Museum of Contemporary Art, Helsinki (2015); *The Divine Comedy*, Museum für Moderne Kunst (MMK), Frankfurt (2014); the 52nd International Venice Biennial (2007); and the Sharjah Biennial 8 (2007), among others.

Nicolás Grandi & Lata Mani
Lata Mani is a feminist historian, contemplative cultural critic, filmmaker and transmedia explorer. She has published on a broad range of issues, from feminism and colonialism, to illness, spiritual philosophy and contemporary politics. Her latest work is Myriad Intimacies, Duke University Press, 2022. She is also the author of The Integral Nature of Things, Routledge, 2013, Interleaves: Ruminations on Illness and Spiritual Life, Yoda, 2011, SacredSecular, Routledge, 2009 and Contentious Traditions: The Debate on Sati in Colonial India, University of California Press,1989. Her films include *Leela's Journey* and with Nicolás Grandi, *The Poetics of Fragility*, *De Sidere 7*, *The Earth on its Axis*, *We in Our Skin: The Tantra of Embodiment* & several videopoems.

Nicolás Grandi is a Buenos Aires based filmmaker, transdisciplinary artist and educator. He has taught film theory and practice in universities, schools and alternative institutional spaces in Argentina and India and has cofounded several collectives working in the intersection of film, poetry, music and sculpture. His art practices question disciplines and formal boundaries with a special focus on facilitating transcultural dialogues. He currently runs

Jang Minseung
Jang Minseung Seul, Kore'de yaşayan bir görsel sanatçı ve yönetmen. Farklı mecralarda çalışma deneyimi olan Jang çağdaş sanat dünyasına insanların karşı karşıya kaldığı gerçeklik parçalarını birleştirip bunları özdenetimli ve simgesel bir şekilde yeniden düzenleyerek adım attı. Başlıca işleri arasında *Sewol* feribot felaketinin yasını tutan video enstalasyonu *Ses-siz* (2014), Kore edebiyatının önde gelen yazarlarından Hwang Sok-yong'un 1962 tarihli kısa romanıyla aynı adı taşıyan ilk filmi *Ipseok Bugeun* (2016), bin küsur günlük prodüksiyon süreci boyunca Jeju Adası'ndaki Halla Dağı'nı izlediğimiz *Over There* (2018) ve Gwangju Demokrasi Ayaklanması'nın 40. yıldönümü anması niteliğindeki son filmi *Round and Around* (2020) var.

Gregory Whitehead
Gregory Whitehead dünyaca tanınan bir radyocu, ses sanatçısı, metin/ses şairi, hikâye şarkıcısı, makale yazarı, oyun yazarı ve *desperado* felsefeci. BBC, Radio France, Deutschland Radio, Australia menşeli ABC, NPR ve başka yayın kurumları için yüzden fazla radyo oyununa, makaleye ve akustik serüvene imza attı. Gregory Whitehead *Pressures of the Unspeakable* oyunuyla Prix Italia, *Shake, Rattle, Roll*'la Prix Futura BBC Ödülü ve *The Loneliest Road*'la Sony Gold Akademi de dahil olmak üzere pek çok ödül kazandı. Whitehead ayrıca oyuncak tiyatrosu, kukla tiyatrosu, dans tiyatrosu, müze enstalasyonları, canlı performanslar ve karışık teknikli kabarelerle deneyler yaptı ve benzer çalışmalara katıldı. Çığır açan *Wireless Imagination: Sound, Radio and the Avant-Garde* (MIT Press) derlemesinin editörlerinden olan Whitehead'in felsefi makaleleri ve melez spekülatif kurguları pek çok çeşitli yayında yer aldı. Yazılarından oluşan bir derleme *Almanach de plaies insenséese* başlığıyla yayımlandı.

transdisciplinary art labs, teaches at the Electronic Arts program at UNTREF and directs the Medialab for young artists at Otro Mundo in Argentina. His works have toured in festivals and group shows in the Americas, Asia and Europe. Some of his works include *The Bonding Lab – Transmedia Fanzine* (2022), *Faasla* (2020), *Melaine Chole* (2016), *De Sidere 7* (2014), *The Passion according to Ander* (2005).

Jang Minseung
Minseung Jang is a visual artist and filmmaker based in Seoul, Korea. With experience of working with diverse media, Jang entered contemporary art by combining snippets of reality confronted by people and arranging it in a self-restrained and symbolic manner. His major works include Voiceless (2014), a video installation mourning the victims of the *Sewol* Ferry Disaster, the first film, Ipseok Bugeun (2016), homonymous with the 1962 novella by Hwang Sok-Yong – a leading author in Korean literature, Over There (2018), featuring the Halla Mountain in Jeju-island for over 1,000 days of the production period, and the latest film Round and Around (2020), a tribute to the 40th Anniversary of the Gwangju Democratic Uprising.

Gregory Whitehead
Gregory Whitehead is an internationally acclaimed radiomaker, audio artist, text/sound poet, singer of tales, essayist, playwright, and desperado philosopher. He has created more than one hundred radio plays, essays, and acoustic adventures for the BBC, Radio France, Deutschland Radio, Australia's ABC, NPR, and other broadcasters. Gregory Whitehead's plays have won numerous awards, including a Prix Italia for *Pressures of the Unspeakable*, a Prix Futura BBC Award for *Shake, Rattle, Roll*; and a Sony Gold Academy Award for *The Loneliest Road*. Whitehead has also experimented and collaborated within toy theater, puppet theater, dance theater, museum installations, live performance, and mixed-media cabaret. He is co-editor of the pioneering anthology, Wireless Imagination: Sound, Radio and the Avant-Garde (MIT Press) and his philosophical essays and hybrid speculative fictions have appeared in a wide variety of publications. A selection of writings has been published as Almanach de plaies insensées.

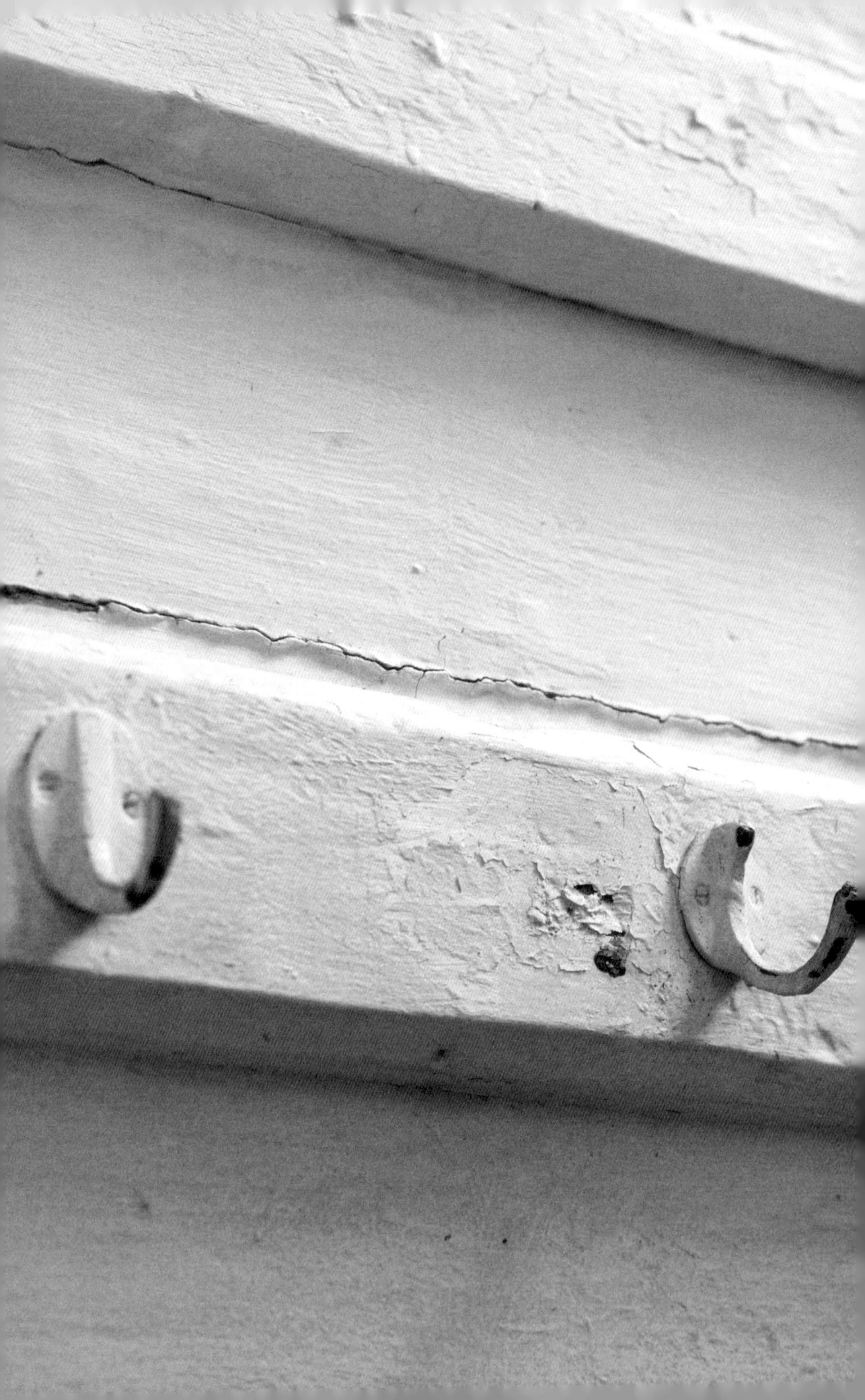